Smagfulde Italienske Opskrifter

En Rejse gennem Landets Kulinariske Skatte

Sofia Rossi

INDHOLDSFORTEGNELSE

Fettuccine med forårsgrøntsager 8

Fettuccine med Gorgonzola creme 10

Tagliarini med Pesto, Genoa Style 12

Fettuccine med artiskokker 15

Fettuccine med tomatfileter 18

Fettuccine med tusind urter 20

Fettuccine med pølse og fløde 24

Grøn og hvid pasta med pølse og fløde 26

Fettuccine med porrer og fontina 28

Fettuccine med svampe og prosciutto 30

Sommer tagliatelle 32

Fettuccine med champignon og ansjossauce 34

Fettuccine med kammuslinger 36

Tagliarini med rejer og kaviar 38

Sprød pasta med kikærter, Puglia-stil 40

Tagliarini med Abruzzese chokolade ragout 43

Bologna lasagne 46

Napolitansk lasagne 48

Spinat og champignon lasagne 51

grøn lasagne 54

Grøn Lasagne med Ricotta, Basilikum og Tomatsauce 57

Aubergine lasagne 60

Ricotta og skinke Cannelloni 64

Oksekød og spinat Cannelloni 68

Grøn og hvid cannelloni 72

Cannelloni med estragon og pecorino 75

Ost Ravioli med frisk tomatsauce 78

Parma-stil ost og spinat ravioli 81

Vinter Squash Ravioli med smør og mandler 84

Kød Ravioli med tomatsauce 87

Toscansk pølse ravioli 91

Krydret ravioli, march-stil 93

Svampe-ravioli i smør og salvie 95

Kæmpe ravioli med trøffelsmør 97

Roeravioli med valmuefrø 100

Pasta ringe fyldt med kød i flødesauce 102

Kartoffeltortelli med pølseragout 105

Kartoffel Gnocchi 108

Bøffer med tomat og balsamicoeddike 113

Fyldt sål 115

Tungeruller med basilikum og mandler 117

Marineret tun, siciliansk stil 119

Tunspyd med appelsin 121

Grillet tun og peber, Molise Style 123

Grillet tun med citron og oregano 125

Grillede sprøde tunbøffer 127

Braiseret tun med rucola pesto 129

Tun og Cannellini bønnegryderet 131

Siciliansk sværdfisk med løg 133

Sværdfisk med artiskokker og løg 135

Sværdfisk, Messina stil 137

Sværdfisk ruller 139

Brændt pighvar med grøntsager 142

Stegt havaborre med hvidløgsgrønt 145

Scrod med krydret tomatsauce 147

Carpaccio af laks 149

Laksefileter med enebær og rødløg 151

Laks med forårsgrøntsager 153

Fiskefileter i grøn sauce 155

Helleflynder bagt i papir 157

Bagt fisk med oliven og kartofler 159

Citrus rød snapper 162

Salt skorpefisk 164

Stegt fisk i hvidvin og citron 166

Ørred med prosciutto og salvie ... 168

Bagte sardiner med rosmarin ... 170

Sardiner, venetiansk stil ... 172

Fyldte sardiner, siciliansk stil ... 174

Grillede sardiner ... 176

Saltet stegt torsk ... 178

Saltet torsk, pizzastil ... 180

Saltet torsk med kartofler ... 182

Rejer og bønner ... 184

Rejer i hvidløgssauce ... 186

Rejer med tomat, kapers og citron ... 188

Rejer i ansjossauce ... 190

stegte rejer ... 193

Rejer og blæksprutte i dej ... 196

Grillede rejespyd ... 199

Hummer "Brother Devil" ... 201

Bagt fyldt hummer ... 204

Kammuslinger med hvidløg og persille ... 207

Grillede kammuslinger og rejer ... 209

Muslinger og Muslinger Posillipo ... 211

Fettuccine med forårsgrøntsager

fettuccine Primavera

Gør 4 til 6 portioner

Denne opskrift blev angiveligt opfundet på New York-restauranten Le Cirque. Selvom det aldrig har været på menuen der, ved stamgæster, at de kan bestille det til enhver tid. Andre grøntsager kan bruges, såsom peberfrugt, grønne bønner eller zucchini, så improviser gerne ud fra, hvad du har ved hånden.

4 spsk usaltet smør

1 1/4 kop hakkede skalotteløg

1 kop hakkede gulerødder

1 kop broccolibuketter, skåret i små stykker

4 asparges, skåret og skåret i små stykker

1 1/2 kop friske eller frosne ærter

1 kop flødeskum eller fløde

Salt og friskkværnet sort peber

1 pund frisk fettuccine

3/4 kop friskrevet Parmigiano-Reggiano

10 basilikumblade, stablet og skåret i tynde strimler

1. I en stegepande, der er stor nok til at rumme fettuccinen, smelt smørret over medium varme. Tilsæt skalotteløg og gulerødder og kog under omrøring af og til i fem minutter eller indtil de er bløde.

2. Kog mindst 4 liter vand i en stor gryde. Tilsæt salt efter smag. Tilsæt broccoli og asparges og kog i 1 minut. Fjern grøntsagerne med en hulske, og afdryp dem godt, lad kogevandet blive i gryden.

3. Kom broccoli og asparges i gryden sammen med ærter og fløde. Bring det i kog. Smag til med salt og peber. Fjern fra ilden.

4. Læg fettuccinen i det kogende vand og kog under jævnlig omrøring, indtil pastaen er al dente, mør, men fast til bid. Dræn fettuccinen og kom den i gryden. Tilsæt osten og bland godt. Drys med basilikum og server straks.

Fettuccine med Gorgonzola creme

Fettuccine med Gorgonzola creme

Gør 4 til 6 portioner

Af alle de blå oste, der produceres rundt om i verden, er Gorgonzola min favorit. For at lave den podes komælk med penicillinsporer, hvilket giver osten dens karakteristiske farve og smag. Det er ikke for krydret og smelter smukt, hvilket gør det ideelt til saucer. Brug en mild type gorgonzola til denne opskrift.

2 spsk usaltet smør

8 ounces dolce gorgonzola, skrællet

1 kop flødeskum eller fløde

Salt

1 pund frisk fettuccine

Friskkværnet sort peber

1/2 kop friskrevet Parmigiano-Reggiano

1. I en mellemstor gryde smeltes smørret og gorgonzolaen tilsættes. Rør ved svag varme, indtil osten smelter. Tilsæt fløden. Bring saucen i kog og kog i 5 minutter, eller indtil saucen er lidt tykkere.

2. Bring mindst 4 liter vand i kog. Tilsæt pasta og salt efter smag. Rør grundigt. Kog ved høj varme under jævnlig omrøring, indtil pastaen er al dente, mør, men fast til bid. Dræn pastaen, gem lidt af kogevandet.

3. I en stor varm serveringsskål, smid pasta med sauce. Tilsæt parmigiano og bland igen. Tilsæt eventuelt lidt af kogevandet for at tynde pastaen. Server straks.

Tagliarini med Pesto, Genoa Style

Tagliarini med Pesto

Gør 4 til 6 portioner

I Ligurien serveres i foråret tynde tråde af frisk pasta med pesto blandet med tynde grønne bønner og skåret nye kartofler. Grøntsagerne bærer smagen af pestoen, skærer noget af dens rigdom og tilføjer tekstur.

Ordet pesto betyder mos, og der findes flere andre typer pestosaucer, selvom dette er den mest kendte.

1 kop pakket friske basilikumblade

1/2 kop frisk fladbladet persille

1 1/4 kop pinjekerner

1 fed hvidløg

Salt og friskkværnet sort peber efter smag.

1/3 kop ekstra jomfru olivenolie

1 kop friskrevet Parmigiano-Reggiano eller Pecorino Romano

4 mellemstore voksagtige kartofler, skrællet og skåret i tynde skiver

8 ounce tynde grønne bønner, skåret i 1-tommers stykker

1 pund frisk tagliarini eller fettuccine

2 spsk usaltet smør, ved stuetemperatur

1. Kombiner basilikum, persille, pinjekerner, hvidløg og en knivspids salt i en foodprocessor eller blender. Hak godt. Mens maskinen kører, tilsæt olien i en jævn strøm og bearbejd indtil glat. Tilsæt osten.

2. Bring mindst 4 liter vand i kog. Tilsæt kartofler og grønne bønner. Kog indtil de er møre, cirka 8 minutter. Fjern grøntsagerne med en hulske. Læg dem i en varm serveringsskål. Dæk til og hold varmt.

3. Tilsæt pastaen til det kogende vand og rør godt rundt. Kog ved høj varme under jævnlig omrøring, indtil pastaen er al dente, mør, men fast til bid. Dræn pastaen, gem lidt af kogevandet.

4. Tilsæt pasta, pesto og smør til skålen til servering med grøntsagerne. Bland meget godt, tilsæt lidt af kogevandet, hvis pastaen virker tør. Server straks.

Fettuccine med artiskokker

Fettuccine med Carciofi

Gør 4 til 6 portioner

Vogner fyldt med artiskokker dukker op på friluftsmarkeder i hele Rom om foråret. Deres lange stængler og blade sidder stadig fast, hvilket hjælper med at forhindre dem i at tørre ud. Romerske kokke ved, at stilkene er lige så velsmagende som artiskokhjerterne. De skal bare skrælles og kan koges sammen med artiskokkerne eller hakkes til fyld.

3 mellemstore artiskokker

1 1/4 kop olivenolie

1 lille løg finthakket

1 1/4 kop hakket frisk persille

1 fed hvidløg finthakket

Salt og friskkværnet sort peber efter smag.

1 1/2 kop tør hvidvin

1 pund frisk fettuccine

Ekstra jomfru oliven olie

1. Skær toppen 1/2 til 3/4 tomme af artiskokkerne med en stor, skarp kniv. Skyl artiskokkerne under koldt vand, og åbn bladene. Undgå små pigge på de resterende spidser af bladene. Læn dig tilbage og klip alle de mørkegrønne blade af, indtil du når den lysegullige kegle af unge blade i midten af artiskokken. Pil det hårde ydre skind omkring bunden og stilkene. Lad stilkene være fastgjort til bunden; trim enderne af stilkene. Skær artiskokkerne i halve på langs og skrab de behårede kvælede ud med en ske. Skær artiskokkerne i tynde skiver på langs.

2. Hæld olien i en gryde, der er stor nok til at rumme den kogte pasta. Tilsæt løg, persille og hvidløg og steg ved middel varme, indtil løget er gyldent, cirka 15 minutter.

3. Tilsæt artiskokskiver, vin og salt og peber efter smag. Dæk til og kog indtil artiskokkerne er møre, når de gennembores med en gaffel, cirka 10 minutter.

4. Bring mindst 4 liter vand i kog. Tilsæt 2 spsk salt, derefter pastaen. Rør grundigt. Kog ved høj varme under jævnlig

omrøring, indtil pastaen er al dente, mør, men fast til bid. Dræn pastaen, gem lidt af kogevandet. Kom pastaen i gryden med artiskokkerne.

5. Tilsæt et skvæt ekstra jomfruolivenolie og lidt af det reserverede kogevand, hvis pastaen virker tør. Bland godt. Server straks.

Fettuccine med tomatfileter

Fettuccine med Filetto di Pomodoro

Gør 4 til 6 portioner

Strimler af flåede modne tomater kogt, indtil de er lige møre, er vidunderlige med frisk fettuccine. Tomaterne bevarer al deres søde og friske smag i denne glatte sauce.

4 spsk usaltet smør

1 1/4 kop finthakket løg

1 pund blommetomater, skrællet og frøet og skåret i 1/2-tommers strimler

6 friske basilikumblade

Salt efter smag

1 pund frisk fettuccine

Friskrevet Parmigiano-Reggiano

1. I en stor stegepande opvarmes 3 spsk smør over medium-lav varme, indtil det er smeltet. Tilsæt løget og steg indtil det er gyldent brunt, cirka 10 minutter.

2. Tilsæt tomatfileter, basilikumblade og et par knivspidser salt. Kog indtil tomaterne er møre, cirka 5 til 10 minutter.

3. Bring mindst 4 liter vand i kog. Tilsæt 2 spsk salt, derefter pastaen. Rør grundigt. Kog ved høj varme under jævnlig omrøring, indtil pastaen er al dente, mør, men fast til bid. Dræn pastaen, gem lidt af kogevandet.

4. Tilsæt fettuccine til gryden sammen med den resterende spiseskefuld smør. Bland godt. Tilsæt lidt af kogevandet, hvis pastaen virker tør. Server straks med osten.

Fettuccine med tusind urter

Fettuccine alle Mille Erbe

Gør 4 til 6 portioner

Dette er en af mine yndlings sommerpastaer, en som jeg elsker at lave, når krydderurterne i min have står i fuldt flor, og tomaterne er perfekt modne. Opskriften kommer fra Locanda dell'Amorosa, en restaurant og kro beliggende i Sinalunga i Toscana. Der brugte de stracci, der betyder "ragged", en pastaform svarende til pappardelle skåret med et riflet kagehjul, så kanterne er takkede. Fettuccine er en god erstatning.

Der skal hakkes meget for at lave denne sauce, men det kan laves meget inden servering. Erstat ikke friske urter med tørrede urter. Dens smag ville være for aggressiv i denne pasta. Jo flere varianter af urter du bruger, jo mere kompleks bliver smagen, men selvom du ikke bruger alle de nævnte varianter, vil den stadig være lækker.

1 1/4 kop hakket italiensk persille

1 1/4 kop hakket frisk basilikum

1 1/4 kop hakket frisk estragon

2 spsk hakket frisk mynte

2 spsk hakket frisk merian

2 spsk hakket frisk timian

8 friske salvieblade, finthakket

1 kvist frisk rosmarin, finthakket

1/3 kop ekstra jomfru olivenolie

Salt og friskkværnet sort peber

1 pund frisk fettuccine

1 1/2 kop friskrevet Pecorino Romano

2 mellemmodne tomater, skrællet, frøet og hakket

1. I en skål, der er stor nok til at rumme alle ingredienserne, kombineres krydderurter, olivenolie og salt og peber efter smag. Sæt til side.

2. Bring mindst 4 liter vand i kog. Tilsæt 2 spsk salt, derefter pastaen Rør godt rundt. Kog ved høj varme under jævnlig omrøring, indtil pastaen er al dente, mør, men fast til bid. Dræn pastaen, gem lidt af kogevandet.

3. Tilsæt pastaen i skålen med urteblandingen og bland godt. Tilsæt osten og bland igen. Drys tomaterne over pastaen og server med det samme.

Fettuccine med pølse og fløde

Fettuccine med Salsiccia

Gør 4 til 6 portioner

Ristede røde peberfrugter, pølsestykker og grønne ærter blander sig mellem cremet fettuccine for stor smag i hver bid af denne Emilia-Romagna-opskrift. Prøv at finde kødfulde svinepølser uden en masse krydderier til denne opskrift.

8 ounce italienske svinepølser, tarme fjernet

1 kop flødeskum eller fløde

1/2 kop ristede røde peberfrugter, drænet og skåret i tern

1/2 kop friske eller frosne ærter

1 spsk hakket frisk persille

Salt og friskkværnet sort peber

1 pund frisk fettuccine

1/2 kop friskrevet Parmigiano-Reggiano

1. Varm en stor stegepande op over medium varme. Tilsæt pølsen og kog under jævnlig omrøring for at bryde eventuelle klumper, indtil den ikke længere er lyserød, ca. 5 minutter. Tag kødet ud på et skærebræt, lad det køle lidt af, og hak det så fint.

2. Rengør panden. Hæld fløde og hakket pølse i gryden og bring det i kog. Tilsæt ristede peberfrugter, ærter, persille og salt og peber efter smag. Kog 3 minutter eller indtil ærterne er møre. Sluk ilden.

3. Bring mindst 4 liter vand i kog. Tilsæt 2 spsk salt, derefter pastaen. Rør grundigt. Kog ved høj varme under jævnlig omrøring, indtil pastaen er al dente, mør, men fast til bid. Dræn pastaen, gem lidt af kogevandet.

4. Smid pastaen i gryden med saucen. Tilsæt osten og bland igen. Tilsæt evt. lidt af kogevandet. Server straks.

Grøn og hvid pasta med pølse og fløde

Paglia og Fieno

Gør 4 til 6 portioner

Paglia e Fieno bogstaveligt oversættes som "halm og hø," det finurlige navn i Emilia-Romagna for denne ret med tynde grønne og hvide nudler kogt sammen. De er normalt klædt med en cremet pølsesovs.

2 spsk usaltet smør

8 ounce italiensk svinepølse, tarme fjernet og finthakket

1 kop tung fløde

1/2 kop friske eller frosne ærter

Salt

1 1/2 pund frisk æg tagliarini

1 1/2 pund frisk spinat tagliarini

Friskkværnet sort peber

½ kop friskrevet Parmigiano-Reggiano

1. I en stegepande, der er stor nok til at rumme den kogte pasta, smeltes smørret over medium varme. Tilsæt pølsekødet og kog under jævnlig omrøring, lige indtil kødet ikke længere er lyserødt, cirka 5 minutter. Må ikke brunes.

2. Tilsæt fløde og ærter og kog ved svag varme. Kog 5 minutter eller indtil cremen er lidt tyk. Fjern fra ilden.

3. Bring mindst 4 liter vand i kog. Tilsæt 2 spsk salt, derefter pastaen. Rør grundigt. Kog ved høj varme under jævnlig omrøring, indtil pastaen er al dente, mør, men fast til bid. Dræn pastaen, gem lidt af kogevandet.

4. Tilføj pasta til pølseblandingen. Tilsæt en generøs kværn af sort peber og osten og bland godt. Server straks.

Fettuccine med porrer og fontina

Fettuccine med Porri og Fontina

Gør 4 til 6 portioner

Den bedste fontina-ost kommer fra Aosta-dalen i det nordvestlige Italien. Den har en cremet tekstur og en jordagtig smag, der minder om trøffel. Det er en perfekt ost at spise og smelter godt.

4 mellemstore porrer

1 1/2 kop vand

2 spsk usaltet smør

Salt

3 1/4 kop tung fløde

4 ounces skåret importeret italiensk prosciutto, skåret på tværs i tynde strimler

Friskkværnet sort peber

1 pund frisk fettuccine

1 kop revet Fontina Valle d'Aosta eller Asiago

1. Skær de grønne toppe og rødder af porrerne. Skær dem i to på langs og skyl godt under koldt rindende vand, fjern eventuelt sand mellem lagene. Dræn porrerne og skær dem i tynde på tværs. Der skal være cirka 3 1/2 kop skåret porre.

2. I en gryde, der er stor nok til at rumme pastaen, kombineres porrer, vand, smør og salt efter smag. Bring vandet i kog, og lad det simre, indtil porrerne er møre og let gennemsigtige, og det meste af væsken er fordampet, cirka 30 minutter.

3. Tilsæt fløde og lad det simre i 2 minutter mere, eller indtil det er let tyknet. Tilsæt prosciutto og lidt peber. Fjern saucen fra varmen.

4. Bring mindst 4 liter vand i kog. Tilsæt 2 spsk salt, derefter pastaen. Rør grundigt. Kog ved høj varme under jævnlig omrøring, indtil pastaen er al dente, mør, men fast til bid. Dræn pastaen, gem lidt af kogevandet.

5. Kom pastaen i gryden med saucen og bland godt. Tilsæt lidt kogevand, hvis pastaen virker tør. Tilsæt fontinaen, rør rundt og server.

Fettuccine med svampe og prosciutto

Fettuccine med Funghi og Prosciutto

Gør 4 til 6 portioner

Prosciutto skæres normalt i papirtynde skiver, men når det lægges i en tilberedt ret, foretrækker jeg ofte, at kødet skæres i en enkelt tyk skive, som jeg så skærer i smalle strimler. Den holder formen bedre og bliver ikke overkogt, når den udsættes for varme.

4 spsk usaltet smør

1 pakke (10 ounce) svampe, skåret i tynde skiver

1 kop frosne ærter, delvist optøet

Salt og friskkværnet sort peber

4 ounce importeret italiensk prosciutto, skåret ca. 1/4 tomme tykke, skåret på tværs i tynde strimler

1 pund frisk fettuccine

1 1/2 kop tung fløde

1/2 kop friskrevet Parmigiano-Reggiano

1. I en stegepande, der er stor nok til at rumme alle ingredienserne, smeltes smørret over medium varme. Tilsæt svampe og kog under omrøring af og til, indtil svampesaft fordamper og svampe begynder at blive brune, cirka 10 minutter.

2. Tilsæt ærterne. Drys med salt og peber og kog i 2 minutter. Tilsæt prosciuttoen og sluk for varmen. Dæk til for at holde varmen.

3. Bring mindst 4 liter vand i kog. Tilsæt 2 spsk salt, derefter pastaen. Rør grundigt. Kog ved høj varme under jævnlig omrøring, indtil pastaen er al dente, mør, men fast til bid. Dræn pastaen, gem lidt af kogevandet.

4. Overfør pastaen til gryden med grøntsagerne og prosciutto. Skru varmen til høj. Tilsæt fløde og ost og rør igen. Tilsæt lidt kogevand, hvis pastaen virker tør. Server straks.

Sommer tagliatelle

Sommer Tagliatelle

Gør 4 til 6 portioner

Alt ved denne pasta er sød og frisk, lige fra de små, friske zucchini-skiver, til tomaternes solrige modne smag, til den glatte, cremede smag af ricotta salata-osten. Denne faste, tørre, pressede form af ricotta bruges både som bordost og til rivning. Erstat en mild pecorino eller Parmigiano-Reggiano, hvis du ikke kan finde denne type ricotta.

1 lille løg hakket

1 1/4 kop olivenolie

3 meget små zucchini, skåret i 1/4-tommers skiver

Salt

2 kopper vindruetomater, skåret i halve på langs

1 kop hakkede basilikumblade

1 pund frisk spinat fettuccine

1 1/2 kop revet ricotta salata

1. I en stor stegepande koges løget i olien ved middel varme i 5 minutter. Tilsæt zucchini og salt efter smag. Kog 5 minutter, eller indtil det er blødt. Tilsæt tomaterne og kog 5 minutter mere, eller indtil zucchinien er mør. Tilsæt halvdelen af basilikum og sluk for varmen.

2. Imens koger du mindst 4 liter vand. Tilsæt 2 spsk salt, derefter pastaen. Rør grundigt. Kog, under jævnlig omrøring, indtil pastaen er al dente, mør, men fast til bid.

3. Dræn pastaen og bland den med saucen. Tilsæt osten og den resterende 1/2 kop basilikum og bland igen. Server straks.

Fettuccine med champignon og ansjossauce

Fettuccine al Funghi

Gør 4 til 6 portioner

Selv dem, der normalt ikke nyder ansjoser, vil sætte pris på det boost af smag, de giver til denne sauce. Dens tilstedeværelse er ikke indlysende; ansjoserne smelter ind i saucen.

2 store fed hvidløg, finthakket

1/3 kop olivenolie

12 ounce hvide eller brun-hvide knapsvampe, meget tynde skiver

Salt og friskkværnet sort peber

1 1/2 kop tør hvidvin

6 hakkede ansjosfileter

2 store friske tomater, skrællede, frøet og hakket, eller 1 1/2 kop hakkede importerede italienske tomater på dåse, med deres juice

1 pund frisk fettuccine

1 1/4 kop hakket frisk persille

2 spsk usaltet smør

1. I en stegepande, der er stor nok til at rumme al pastaen, koges hvidløget i olien ved middel varme i 1 minut.

2. Tilsæt svampene og kog under jævnlig omrøring, indtil væsken fordamper, og svampene begynder at blive brune, cirka 10 minutter. Tilsæt vinen og lad det simre.

3. Tilsæt ansjoser og tomater. Reducer varmen til lav og kog i 10 minutter.

4. Bring mindst 4 liter vand i kog. Tilsæt 2 spsk salt, derefter pastaen. Rør grundigt. Kog ved høj varme under jævnlig omrøring, indtil pastaen er al dente, mør, men fast til bid. Dræn pastaen, gem lidt af kogevandet.

5. Kom pastaen over i gryden med saucen og bland godt med persillen. Tilsæt smørret og bland igen, tilsæt eventuelt lidt af kogevandet. Server straks.

Fettuccine med kammuslinger

Fettuccine med Canestrelli

Gør 4 til 6 portioner

Jeg plejer at lave denne pasta med store kammuslinger. De er fyldige og søde og fås hele året rundt. Mindre kammuslinger, der primært er tilgængelige i det nordøstlige om sommeren, er også fremragende. Forveksle dem ikke med de smagløse calico kammuslinger, der kommer fra varmt vand. De bliver nogle gange udgivet som kammuslinger, selvom de normalt er meget mindre og mangler smag. Kammuslinger er omkring en halv tomme i diameter, med en cremet hvid farve, mens calicos er omkring en kvart tomme i størrelse og meget hvide.

4 store fed hvidløg, finthakket

1 1/4 kop olivenolie

1 pund havmuslinger, skåret i 1/2-tommers stykker, eller laurbærmuslinger, efterladt hele

Knip knust rød peber

Salt

1 stor moden tomat, udsået og skåret i tern

2 kopper friske basilikumblade, skåret i 2 eller 3 stykker

1 pund frisk fettuccine

1. I en stegepande, der er stor nok til at rumme al pastaen, koges hvidløget i olien ved middel varme, indtil hvidløget er let brunet, cirka 2 minutter. Tilsæt kammuslinger, peber og salt efter smag. Kog indtil kammuslingerne er uigennemsigtige, cirka 1 minut.

2. Tilsæt tomat og basilikum. Kog 1 minut indtil basilikum er lidt blød. Tag gryden af varmen.

3. Bring mindst 4 liter vand i kog. Tilsæt 2 spsk salt, derefter pastaen. Rør grundigt. Kog ved høj varme under jævnlig omrøring, indtil pastaen er al dente, mør, men fast til bid. Dræn pastaen, gem lidt af kogevandet.

4. Kom pastaen i gryden. Bland godt, tilsæt eventuelt lidt af kogevandet. Server straks.

Tagliarini med rejer og kaviar

Tagliarini al Gamberi e Caviale

Gør 4 til 6 portioner

Korallaksekaviaren er et lækkert modspil til sødmen i rejerne og den cremede sauce i denne pasta. Jeg fandt på denne opskrift for flere år siden til en italiensk nytårsfest for Washington Post.

12 ounce mellemstore rejer, pillede og deveirede, skåret i 1/2-tommers stykker

1 spsk usaltet smør

2 spsk vodka eller gin

1 kop tung fløde

Salt og friskkværnet hvid peber

2 spsk meget finthakket grønne løg

1 1/2 tsk frisk citronskal

1 pund frisk tagliarini

3 ounce laksekaviar

1. I en stegepande, der er stor nok til at rumme al pastaen, smelt smørret over medium varme. Tilsæt rejerne og kog under omrøring, indtil de er lyserøde og næsten gennemstegte, cirka 2 minutter. Brug en hulske til at fjerne rejerne på en tallerken.

2. Tilsæt vodkaen til gryden. Kog under omrøring, indtil væsken fordamper, cirka 1 minut. Tilsæt fløden og bring det i kog. Kog indtil cremen tykner lidt, cirka et minut mere. Tilsæt rejer og et nip salt og peber. Tilsæt det grønne løg og citronskal. Fjern fra ilden.

3. Bring mindst 4 liter vand i kog. Tilsæt 2 spsk salt, derefter pastaen. Kog, under jævnlig omrøring, indtil pastaen er al dente, mør, men fast til bid. Dræn pastaen, gem lidt af kogevandet.

4. Hæld pastaen i gryden med saucen og bland godt ved middel varme. Tilsæt lidt af kogevandet, hvis pastaen virker tør. Fordel pastaen mellem tallerkenerne. Top hver portion med en skefuld kaviar og server straks.

Sprød pasta med kikærter, Puglia-stil

Cecil e Tria

Giver 4 portioner

Korte strimler af frisk pasta kaldes undertiden tria i Puglia og andre dele af det sydlige Italien. I det 10. århundrede fik den normanniske hersker på Sicilien, Roger II, en arabisk geograf til at udarbejde en undersøgelse af sit rige. Geografen, al-Idrisi, skrev, at han så folk lave mad med mel i form af tråde, som de kaldte med det arabiske ord for tråd, itriyah. Den forkortede form, tria, bruges stadig.

Tria er lige så brede som fettuccine, men er skåret i 3-tommer længder. Pastaen i denne opskrift får en usædvanlig behandling: halvdelen koges på sædvanlig måde, men den anden halvdel steges sprød, som nudlerne du finder på kinesiske restauranter. De to kombineres i en velsmagende kikærtesauce. Dette er en traditionel opskrift fra den sydlige del af Puglia, nær Lecce. Det er ulig nogen anden pastaopskrift, jeg har prøvet i Italien.

3 spsk plus 1/2 kop olivenolie

1 lille løg hakket

1 ribben selleri, hakket

1 fed hvidløg finthakket

1 1/2 kop kogte eller dåse kikærter, drænet

1 kop flået, frøet og hakket tomat

2 spsk finthakket frisk fladbladet persille

2 kopper vand

Salt og friskkværnet sort peber

12 ounce frisk fettuccine, skåret i 3-tommer stykker

1. Kombiner de 3 spsk olivenolie og løg, selleri og hvidløg i en stor gryde. Kog over medium varme, indtil det er blødt, cirka 5 minutter. Tilsæt kikærter, tomat, persille og vand. Smag til med salt og peber. Bring det i kog og kog i 30 minutter.

2. Læg en bakke foret med køkkenrulle. I en stor stegepande opvarmes den resterende 1/2 kop olie over medium varme. Tilsæt en fjerdedel af pastaen og kog under omrøring, indtil den får blærer og begynder at blive let brun, cirka 4 minutter.

Fjern pastaen med en hulske og afdryp den i bakken. Gentag med endnu en fjerdedel af pastaen.

3. Bring mindst 4 liter vand i kog. Tilsæt 2 spsk salt, derefter resten af pastaen. Rør grundigt. Kog ved høj varme under jævnlig omrøring, indtil pastaen er al dente, mør, men fast til bid. Dræn pastaen, gem lidt af kogevandet.

4. Rør den kogte pasta i den kogende sauce. Tilsæt lidt af kogevandet, hvis pastaen virker tør. Det skal ligne en tyk suppe.

5. Kom den stegte pasta i gryden og rør rundt. Server straks.

Tagliarini med Abruzzese chokolade ragout

Abruzzese Pasta med Cioccolato Amaro

Gør 4 til 6 portioner

Jeg tilpassede denne opskrift fra en, min ven Al Bassano fortalte mig, at han fik fra en italiensk hjemmeside. Jeg var fascineret, fordi jeg aldrig havde set eller prøvet noget lignende før. Jeg kunne ikke vente med at prøve det, og jeg blev ikke skuffet. En lille mængde chokolade og kanel tilføjer en subtil rigdom til saucen.

Den originale opskrift krævede servering af ragù med chitarrina, en typisk ægepasta i Abruzzese-stil lavet i en enhed kendt som en chitarra eller "guitar". Guitaren i dette tilfælde er en simpel træramme spændt med en række guitarstrenge. Et stykke frisk pastadej lægges på rebene og en kagerulle rulles over dejen. De stramme reb skærer dejen i firkantede tråde som spaghetti. Tagliarini er en god erstatning for chitarrina.

1 mellemstor løg, finthakket

1 1/4 kop olivenolie

8 ounce hakket svinekød

Salt og friskkværnet sort peber

1 1/2 kop tør rødvin

1 kop tomatpuré

1 1/4 kop tomatpure

1 kop vand

1 spsk hakket bittersød chokolade

1 1/2 tsk sukker

Knip stødt kanel

1 pund frisk tagliarini

1. I en mellemstor gryde, kog løg i olie ved middel varme, indtil løget er mørt og gyldent, cirka 10 minutter. Tilsæt svinekødet og steg kødet i stykker med bagsiden af en ske, indtil det er let brunet. Smag til med salt og peber efter smag.

2. Tilsæt vinen og bring det i kog. Kog indtil det meste af vinen er fordampet.

3. Tilsæt tomatpuré, tomatpuré og vand. Reducer varmen til lav og kog 1 time under omrøring af og til, indtil saucen er tyk.

4. Tilsæt chokolade, sukker og kanel, indtil chokoladen smelter. Smag til krydderier.

5. Bring mindst 4 liter vand i kog. Tilsæt 2 spsk salt, derefter pastaen. Rør grundigt. Kog ved høj varme under jævnlig omrøring, indtil pastaen er al dente, mør, men fast til bid. Dræn pastaen, gem lidt af kogevandet.

6. I en stor varm serveringsskål, smid pasta med sauce. Tilsæt om nødvendigt lidt af det reserverede kogevand. Server straks.

Bologna lasagne

Lasagne Bolognese

Gør 8 til 10 portioner

Denne lasagne fra Bologna i Norditalien er helt anderledes end den syditalienske version, der følger denne opskrift, selvom begge er klassikere. Bolognese-versionen er lavet med grønfarvet spinatlasagne i stedet for æg-lasagne, og den eneste ost, der bruges, er Parmigiano-Reggiano, mens den sydlige version har mozzarella, ricotta og Pecorino Romano. Cremet hvid bechamelsauce er en standardingrediens i den nordlige variant, mens den sydlige version indeholder meget mere kød. Prøv dem, de er lige så lækre.

3 til 4 kopper Ragú a la Bologna

3 kopper Bechamel sauce

1 pund frisk spinatlasagne

Salt

1 1/2 kop friskrevet Parmigiano-Reggiano

2 spsk usaltet smør

1. Forbered de to saucer. Bring mindst 4 liter vand i kog. Forbered en stor skål med koldt vand. Tilsæt halvdelen af lasagnen og 2 spsk salt til det kogende vand. Kog indtil pastaen er mør, men lidt underkogt. Fjern pastaen med en hulske og læg den i det kolde vand. Kog de resterende lasagnestrimler på samme måde. Læg de afkølede lasagneplader på fnugfrie håndklæder.

2. Smør en 13 × 10 × 2-tommer pande. Reserver de 2 flotteste pastastrimler til det øverste lag. Reserver 1/2 kop béchamel og 1/4 kop ost. Lav et lag pasta, som overlapper stykkerne. Smør med tynde lag bechamel, derefter ragu, så ost. Gentag lagene, slut med pasta. Smør det øverste lag med den reserverede 1/2 kop bechamel. Drys med reserveret 1/4 kop ost. Prik med smør. (Hvis du laver lasagnen i forvejen, dæk den tæt med plastfolie og stil den på køl natten over.)

3. Sæt en rist i midten af ovnen. Forvarm ovnen til 375 ° F. Bag lasagne 45 minutter. Hvis lasagnen bruner for meget, dækkes den løst med alufolie. Bag 15 minutter mere, eller indtil saucen bobler, og en kniv, der er indsat i midten, kommer ud varm. Lad hvile 15 minutter før servering.

Napolitansk lasagne

Napolitansk lasagne

Gør 8 til 10 portioner

Når jeg laver lasagne, kan jeg ikke lade være med at tænke på min yndlings italienske børnefabel, Pentolin delle Lasagne, skrevet af A. Rubino og udgivet i avisen Corriere della Sera for børn i 1932. Det er historien om en mand. som altid bar hovedet en pentolino di terracotta, en lergryde til madlavning af lasagne. Han følte, at det beskyttede ham mod elementerne og var altid klar til at lave lasagne med et øjebliks varsel. Ikke overraskende var han den bedste lasagneproducent i hans Pastacotta ("kogt pasta") land, selvom folk grinede af ham for hans fjollede hat. Takket være sin lasagnegryde og lidt magi reddede han Pastacottas borgere fra hungersnød, blev konge og levede lykkeligt til deres dages ende og lavede lasagne hver søndag til alle i hans rige.

Dette er lasagne, som min mor og bedstemor før hende lavede den. Det er utroligt rigt, men helt uimodståeligt.

Cirka 8 kopper<u>Napolitansk ragout</u>, lavet med små frikadeller

Salt

1 pund frisk lasagne

2 pund hel eller delvist skummet ricotta

1 1/4 kopper friskrevet Pecorino-Romano

1 pund frisk mozzarella, skåret i tynde skiver

1. Forbered ragù. Fjern kødstykker, frikadeller og pølser fra saucen. Reserver svinekød og oksekød til et andet måltid. Skær pølserne i tynde skiver og gem dem sammen med frikadellerne til lasagnen.

2. Læg nogle fnugfrie køkkenruller på en flad overflade. Forbered en stor skål med koldt vand.

3. Bring ca. 4 liter vand i kog. Tilsæt 2 spsk salt. Tilsæt lasagnen i stykker ad gangen. Kog lasagnen, indtil den er mør, men let kogt. Fjern pastaen fra vandet. Læg den kogte pasta i det kolde vand. Når de er kølige nok til at kunne håndtere, læg pastapladerne på håndklæderne. Håndklæder kan stables oven på hinanden. Fortsæt med at koge og afkøle resten af lasagnen på samme måde.

4. Spred et tyndt lag sauce i en 13 × 9 × 2-tommer stegepande. Lav et lag pasta, der overlapper stykkerne lidt. Fordel med 2 kopper ricotta, derefter små frikadeller og skivede pølser, derefter mozzarella. Hæld ca. 1 kop mere sauce i og drys med 1/4 kop revet ost.

5. Gentag lagene, afslut med pasta, sauce og revet ost. (Hvis du laver lasagnen i forvejen, dæk den tæt med plastfolie og stil den på køl natten over.)

6. Sæt en rist i midten af ovnen. Forvarm ovnen til 375 ° F. Bag lasagne 45 minutter. Hvis lasagnen bruner for meget, dækkes den løst med alufolie. Bages i 15 minutter mere eller indtil toppen er gyldenbrun og saucen bobler rundt i kanterne.

7. Tag lasagnen ud af ovnen og lad den hvile i 15 minutter. Skær lasagnen i firkanter og server.

Spinat og champignon lasagne

Funghi og Spinaci Lasagne

Gør 8 til 10 portioner

Parma er paradis for pastaelskere. Pastaen er pakket rundt om lækkert fyld, blandet med saucer eller med forskellige ingredienser, og pastaen virker let som luft og altid lækker. Denne ret er baseret på mine minder om en himmelsk cremet lasagne, jeg havde i Parma for mange år siden.

   3 kopper<u>Bechamel sauce</u>

1 pund frisk spinat, hakket

Salt

5 spsk usaltet smør

1 lille løg finthakket

1 1/2 pund champignon, hakkede

1 pund frisk lasagne

1 1/2 kop friskrevet Parmigiano-Reggiano

1. Forbered bechamel. Kom derefter spinaten i en stor gryde med 1/2 kop vand. Tilsæt en knivspids salt. Dæk til og kog over medium varme, indtil spinaten er mør, cirka 5 minutter. Dræn spinaten godt. Lad afkøle. Pak spinaten ind i et håndklæde og pres den for at trække så meget saft ud som muligt. Hak spinaten og stil den til side.

2. I en stor stegepande smeltes fire spiseskefulde smør over medium varme. Tilsæt løget og steg under omrøring af og til, indtil det er blødt, cirka 5 minutter.

3. Tilsæt svampe og salt og peber efter smag. Kog under jævnlig omrøring, indtil al væsken er fordampet, og svampene er møre. Tilsæt den hakkede kogte spinat.

4. Reserver 1/2 kop af bechamelsaucen. Tilsæt resten til grøntsagsblandingen.

5. Forbered en stor skål med koldt vand. Læg nogle fnugfrie viskestykker ud på en arbejdsflade.

6. Bring en stor gryde vand i kog. Tilsæt 2 spsk salt. Tilsæt lasagnen i stykker ad gangen. Kog lasagnen, indtil den er mør, men let kogt. Fjern pastaen fra vandet. Læg den kogte pasta i det kolde vand. Når de er kølige nok til at håndtere, læg

pastapladerne på håndklæderne, som kan stables oven på hinanden. Fortsæt med at koge og afkøle resten af lasagnen på samme måde.

7. Smør en 13 × 9 × 2-tommer pande. Reserver de 2 flotteste pastastrimler til det øverste lag. Lav et lag pasta i den forberedte gryde, og overlapp stykkerne. Smør med et tyndt lag grøntsager og en knivspids ost. Gentag lagene, slut med pasta. Smør med den reserverede bechamel. Drys med den resterende ost. Prik med det resterende smør.

8. Forvarm ovnen til 375 ° F. Bages i 45 minutter. Hvis lasagnen bruner for meget, dækkes den løst med alufolie. Bages i 15 minutter mere eller indtil toppen er gyldenbrun og saucen bobler rundt i kanten. Tag ud af ovnen og lad hvile i 15 minutter før servering. Skær i firkanter til servering.

grøn lasagne

grøn lasagne

Gør 8 til 10 portioner

Grønne lasagnenudler toppes med skinke, champignon, tomater og bechamelsauce. For at gøre denne kødfri skal du blot fjerne skinken.

   3 kopper<u>Bechamel sauce</u>

1 ounce tørrede porcini-svampe

2 kopper varmt vand

4 spsk usaltet smør

1 spsk olivenolie

1 fed hvidløg finthakket

12 ounce hakkede hvide knapsvampe

1 1/2 tsk tørret merian eller timian

Salt og friskkværnet sort peber

1 kop skrællede, frøede og hakkede friske tomater eller importerede italienske tomater på dåse, drænet og hakket

8 ounces skåret kogt skinke, hakket

1 1/4 kop friskrevet Parmigiano-Reggiano

1 1/4 pund grøn lasagne

1. Forbered bechamel. Kom de tørrede svampe i vandet og lad dem trække i 30 minutter. Fjern svampene fra skålen og gem væsken. Skyl svampene under koldt rindende vand for at fjerne sand, og vær særlig opmærksom på enderne af stænglerne, hvor jorden samler sig. Hak svampene groft. Si svampevæsken gennem et papirkaffefilter ned i en skål.

2. I en stor stegepande smeltes to spiseskefulde smør med olien over medium varme. Tilsæt hvidløg og steg i et minut. Tilsæt de friske og tørrede svampe, merian og salt og peber efter smag. Kog, under omrøring lejlighedsvis, i 5 minutter. Tilsæt tomaterne og den reserverede svampevæske og kog indtil de er tykne, cirka 10 minutter mere.

3. Forbered en stor skål med koldt vand. Læg nogle fnugfrie viskestykker ud på en arbejdsflade.

4.Bring mindst 4 liter vand i kog. Tilsæt 2 spsk salt. Tilsæt lasagnen i stykker ad gangen. Kog lasagnen, indtil den er mør, men let kogt. Fjern pastaen fra vandet. Læg den kogte pasta i det kolde vand. Når de er kølige nok til at håndtere, læg pastapladerne på håndklæderne, som kan stables oven på hinanden. Fortsæt med at koge og afkøle resten af lasagnen på samme måde.

5.Smør en 13 × 9 × 2-tommer pande. Reserver de 2 flotteste pastastrimler til det øverste lag. Reserver 1/2 kop béchamel og 1/4 kop ost. Lav et lag pasta, som overlapper stykkerne. Smør med et tyndt lag béchamel, svampesauce, skinke og ost. Gentag lagene, slut med pasta. Smør med den reserverede bechamel. Drys med den resterende ost. Prik med det resterende smør.

6.Sæt en rist i midten af ovnen. Forvarm ovnen til 375 ° F. Bag lasagne 45 minutter. Hvis lasagnen bruner for meget, dækkes den løst med alufolie. Afdæk og bag 15 minutter mere eller indtil toppen er gyldenbrun og saucen bobler rundt i kanterne. Lad hvile 15 minutter før servering. Skær i firkanter til servering.

Grøn Lasagne med Ricotta, Basilikum og Tomatsauce

Grøn Lasagne med Ricotta, Basilico og Marinara

Gør 8 til 10 portioner

Min bedstemor lavede altid napolitansk lasagne, men fra tid til anden overraskede hun os med denne kødfrie version, især om sommeren, hvor en typisk kødragù virkede for tung.

Bare det at tænke på denne lasagne gør mig sulten. Duften af basilikum, ostens rigdom og sødmen i tomatsaucen er en kombination, jeg synes er fristende. Det er også en smuk ret med sine lag af rød, grøn og hvid.

5 til 6 kopper<u>Marinara sauce</u>enten<u>frisk tomatsauce</u>

Salt og friskkværnet sort peber

1 1/4 pund frisk grøn lasagne

2 pund frisk delvist skummet ricotta

1 æg, let pisket

1 kop friskrevet Parmigiano-Reggiano eller Pecorino Romano

8 ounce frisk mozzarellaost, i tynde skiver

1 stort bundt basilikum, stablet og skåret i smalle strimler

1. Tilbered saucen evt. Hav derefter en stor skål koldt vand klar. Læg nogle fnugfrie viskestykker ud på en arbejdsflade.

2. Bring mindst 4 liter vand i kog. Tilsæt 2 spsk salt. Tilsæt lasagnen i stykker ad gangen. Kog lasagnen, indtil den er mør, men let kogt. Fjern pastaen fra vandet. Læg den kogte pasta i det kolde vand. Når de er kølige nok til at håndtere, læg pastapladerne på håndklæderne, som kan stables oven på hinanden. Fortsæt med at koge og afkøle resten af lasagnen på samme måde.

3. I en skål piskes ricotta, æg og salt og peber efter smag.

4. Spred et tyndt lag sauce i en 13 × 9 × 2-tommer stegepande. Læg to lasagner i gryden i et enkelt lag, der overlapper lidt. Fordel jævnt med halvdelen af ricottablandingen og drys med 2 spsk revet ost. Læg en tredjedel af mozzarellaskiverne ovenpå.

5. Lav et andet lag lasagne og fordel den med sauce. Drys basilikum på toppen. Læg lag med oste som beskrevet

ovenfor. Gentag for et tredje lag. Lav et sidste lag af lasagne, sauce, mozzarella og revet ost. (Kan laves frem til dette punkt. Dæk med plastfolie og stil på køl i flere timer eller natten over.)

6. Sæt en rist i midten af ovnen. Forvarm ovnen til 375 ° F. Bag lasagnen i 45 minutter. Hvis lasagnen bruner for meget, dækkes den løst med alufolie. Bages i 15 minutter mere eller indtil toppen er gyldenbrun og saucen bobler rundt i kanterne. Lad hvile 15 minutter. Skær i firkanter og server.

Aubergine lasagne

Lasagne med Parmigiana

Gør 8 til 10 portioner

Min veninde Donatella Arpaia, som tilbragte sin barndoms somre med sin familie i Italien, husker en yndlingstante, som ville lave lasagne med friske grøntsager tidligt om morgenen for at tage på stranden til frokost senere på dagen. Panden var omhyggeligt pakket ind i håndklæder, og indholdet ville stadig være varmt, når de satte sig for at spise.

Denne version ligner aubergine parmesan, med tilføjelse af friske lasagne nudler. Den er perfekt til en sommerbuffet eller til vegetarer.

2 mellemstore auberginer (ca. 1 pund hver)

Salt

Olivenolie

1 mellemstor løg, finthakket

5 pund friske blommetomater, skrællede, frøet og hakkede, eller 2 dåser (28 ounce) importerede italienske flåede tomater, drænet og hakket

Friskkværnet sort peber

2 spsk hakket frisk persille

2 spsk hakket frisk basilikum

1 pund frisk lasagne

1 pund frisk mozzarella, delt i kvarte og skåret i tynde skiver

1 kop friskrevet Parmigiano-Reggiano

1. Skær auberginerne og skær dem i tynde skiver. Drys skiverne med salt og læg dem i et dørslag på en tallerken. Lad sidde i mindst 30 minutter. Skyl auberginen i koldt vand og dup den tør.

2. Sæt en rist i midten af ovnen. Forvarm ovnen til 400 ° F. Pensl aubergineskiver generøst på begge sider med olie. Læg skiverne på store bageplader. Bag auberginerne i 30 minutter, eller indtil de er møre og let brunede.

3. I en stor gryde koges løg i 1/3 kop olivenolie ved middel varme under omrøring, indtil de er møre, men ikke brune, ca. 10 minutter. Tilsæt tomater og salt og peber efter smag. Bring det i kog og kog, indtil det er lidt tyknet, cirka 15 til 20 minutter. Tilsæt basilikum og persille.

4. Læg nogle fnugfrie viskestykker ud på en arbejdsflade. Forbered en stor skål med koldt vand. Bring mindst 4 liter vand i kog. Tilsæt 2 spsk salt. Kog lasagnestrimlerne et par stykker ad gangen. Fjern strimlerne efter et minut, eller når de stadig er faste. Læg dem i skålen med vand til afkøling. Læg dem derefter på håndklæderne. Gentag, kog og afkøl resten af pastaen på samme måde; Håndklæder kan stables oven på hinanden.

5. Smør let en 13 × 9 × 2-tommer lasagnepande. Fordel et tyndt lag sauce på panden.

6. Lav et lag pasta, der overlapper stykkerne lidt. Smør med et tyndt lag sauce, derefter aubergineskiver, mozzarella og revet ost. Gentag lagene, afslut med pasta, tomatsauce og revet ost. (Kan laves op til 24 timer i forvejen. Dæk med plastfolie og stil på køl. Tag ud af køleskabet ca. 1 time før bagning.)

7. Forvarm ovnen til 375 ° F. Bages i 45 minutter. Hvis lasagnen bruner for meget, dækkes den løst med alufolie. Bages i 15 minutter mere eller indtil toppen er gyldenbrun og saucen bobler rundt i kanterne. Tag ud af ovnen og lad hvile i 15 minutter før servering. Skær i firkanter til servering.

Ricotta og skinke Cannelloni

Cannelloni med prosciutto

Giver 8 portioner

Ricotta betyder "overstegt". Denne friskost er lavet i Italien af komælksvalle, den vandige væske, der er tilbage efter at have lavet en fast ost, såsom pecorino. Når vallen opvarmes, koagulerer de resterende faste stoffer. Efter afdrypning omdannes ostemassen til den bløde ost, vi kender som ricotta. Italienerne spiser den som morgenmads- eller dessertost og i mange pastaretter. Dette er en syditaliensk cannelloni fyldt med ricotta og skåret prosciutto. Enhver af tomatsovserne kan bruges med denne pasta, men hvis du foretrækker en rigere ret, kan du erstatte den med en kødragù.

1 opskriftFrisk pasta med æg, skåret i 4-tommers firkanter til cannelloni

    1 opskrift (ca. 3 kopper)<u>frisk tomatsauce</u>enten<u>Toscansk tomatsauce</u>

Salt

1 pund frisk mozzarella

1 beholder (16 ounce) hel eller fedtfattig ricotta

1/2 kop hakket importeret italiensk prosciutto (ca. 2 ounces)

1 stort æg, pisket

3/4 kop friskrevet Parmigiano-Reggiano

Friskkværnet sort peber

1. Forbered pastaen og saucen. Læg nogle fnugfrie køkkenruller på en flad overflade. Forbered en stor skål med koldt vand. Bring ca. 4 liter vand i kog. Tilsæt salt efter smag. Tilsæt pastafirkanterne et par stykker ad gangen. Kog pastaen til den er mør, men lidt underkogt. Tag pastaen op af vandet og læg den i det kolde vand. Når de er kølige nok til at håndtere, læg pastapladerne på håndklæderne, som kan stables oven på hinanden. Fortsæt med at koge og afkøle den resterende pasta på samme måde.

2. I en stor skål kombineres mozzarella, ricotta, prosciutto, æg og 1/2 kop Parmigiano. Bland godt og tilsæt salt og peber efter smag.

3. Læg et tyndt lag sauce på bunden af et stort ovnfast fad. Fordel cirka 2 spsk af fyldet på den ene ende af hver pastafirkant. Rul pastaen, start i den fyldte ende, og læg rullerne med forsiden nedad i den forberedte gryde.

4. Hæld et tyndt lag sauce over pastaen. Drys med den resterende Parmigiano.

5. Sæt en rist i midten af ovnen. Forvarm ovnen til 375 ° F. Bages i 30 minutter, eller indtil saucen bobler, og ostene er smeltet. Serveres varm.

Oksekød og spinat Cannelloni

Vitello e Spinaci cannelloni

Giver 8 portioner

Cannelloni virker altid så fancy, men de er en af de nemmeste fyldte pastaer at lave derhjemme. Denne klassiske Piemonte-version laves typisk med rester af stegt eller stuvet kalvekød. Dette er min version af en opskrift af Giorgio Rocca, ejer af Il Giardino da Felicin, en hyggelig kro og restaurant i Monforte d'Alba.

3 til 4 kopper<u>Bechamel sauce</u>

1 pund frisk spinat

2 spsk usaltet smør

2 pund udbenet oksekød, skåret i 2-tommers stykker

2 mellemstore gulerødder, hakket

1 mør selleri ribben, hakket

1 mellemstor løg hakket

1 fed hvidløg finthakket

Salt og friskkværnet sort peber

En knivspids friskkværnet muskatnød

11/2 kop friskrevet Parmigiano-Reggiano

11/2 pundFrisk pasta med æg, skåret i 4-tommers firkanter til cannelloni

1. Forbered bechamel.

2. Kom spinaten i en stor gryde ved middel varme med 1/4 dl vand. Dæk til og kog i 2 til 3 minutter, eller indtil de er bløde og møre. Dræn og afkøl. Pak spinaten ind i et fnugfrit klæde og pres så meget vand ud som muligt. Hak spinaten fint.

3. I en stor stegepande, smelt smør over medium-lav varme. Tilsæt oksekød, gulerødder, selleri, løg og hvidløg. Smag til med salt og peber og en knivspids muskatnød. Dæk til og kog under omrøring af og til, indtil kødet er meget mørt, cirka 1 time. Hvis kødet bliver tørt, tilsæt lidt vand. Lad afkøle. På et skærebræt med en stor kniv, eller i en foodprocessor, hakkes blandingen meget fint. Læg kødet og spinaten i en skål og

tilsæt 1 kop béchamel og 1 kop parmigiano. Bland godt og smag til.

4. Forbered imens pastaen. Læg nogle fnugfrie køkkenruller på en flad overflade. Forbered en stor skål med koldt vand. Bring ca. 4 liter vand i kog. Tilsæt 2 spsk salt. Tilsæt pastafirkanterne et par stykker ad gangen. Kog pastaen til den er mør, men lidt underkogt. Fjern pastaen fra vandet og læg den i det kolde vand. Når de er kølige nok til at håndtere, læg pastapladerne på håndklæderne, som kan stables oven på hinanden. Fortsæt med at koge og afkøle den resterende pasta på samme måde.

5. Læg halvdelen af den resterende béchamel i et tyndt lag i et stort ovnfast fad. Fordel cirka to spiseskefulde af fyldet på den ene ende af hver pastafirkant og rul sammen, startende fra den fyldte ende. Læg pastarullen med sømsiden nedad i den forberedte gryde. Gentag med resten af pastaen og fyldet, og læg rullerne sammen i gryden. Hæld den resterende sauce på og drys med den resterende 1/2 kop Parmigiano. (Kan laves op til 24 timer i forvejen. Dæk med plastfolie og stil på køl. Tag ud af køleskabet ca. 1 time før bagning.)

6. Sæt en rist i midten af ovnen. Forvarm ovnen til 375 ° F. Bag 30 minutter, eller indtil cannelloni er gennemvarmet og let brunet. Serveres varm.

Grøn og hvid cannelloni

Cannelloni alla Parmigiana

Giver 8 portioner

Hvis du besøger Emilia-Romagna-regionen, skal du sørge for at gøre et stop i Parma. Denne lille elegante by, fødestedet for den store dirigent Arturo Toscanini, er berømt for sit fremragende køkken. Mange af byens bygninger er malet i solgul, kendt som Parma-guld. Parma har mange gode restauranter, hvor du kan smage fremragende håndrullet pasta, lagret Parmigiano-Reggiano og den bedste balsamicoeddike. Jeg spiste disse cannelloni på Angiol d'Or, en klassisk restaurant i Parma.

1 pundFrisk spinatpasta, skåret i 4-tommers firkanter til cannelloni

    2 kopperBechamel sauce

8 ounce frisk spinat, hakket

Salt

1 pund hel eller delvist skummet ricotta

2 store æg, let pisket

1 1/2 kop friskrevet Parmigiano-Reggiano

1/4 tsk frisk revet muskatnød

Friskkværnet sort peber

4 ounce Fontina Valle d'Aosta, groft revet

1. Forbered pastaen og bechamelsaucen. Kom spinaten i en stor gryde ved middel varme med 1/4 dl vand. Dæk til og kog i 2 til 3 minutter, eller indtil de er bløde og møre. Dræn og afkøl. Pak spinaten ind i et fnugfrit klæde og pres så meget vand ud som muligt. Hak spinaten fint.

2. Læg nogle fnugfrie køkkenruller på en flad overflade. Forbered en stor skål med koldt vand. Bring ca. 4 liter vand i kog. Tilsæt 2 spsk salt. Tilsæt pastafirkanterne et par stykker ad gangen. Kog pastaen til den er mør, men lidt underkogt. Tag pastaen op af vandet og læg den i det kolde vand. Når de er kølige nok til at håndtere, læg pastapladerne på håndklæderne, som kan stables oven på hinanden. Fortsæt med at koge og afkøle den resterende pasta på samme måde.

3. Bland spinat, ricotta, æg, 1/2 kop Parmigiano, muskatnød og salt og peber efter smag. Tilføj fontina.

4.Sæt en rist i midten af ovnen. Forvarm ovnen til 375 ° F. Smør en 13×9×2-tommer bageform.

5.Fordel cirka 1/4 kop af fyldet på den ene ende af hver pastafirkant. Rul pastaen sammen, start i den fyldte ende. Læg cannelloni-sømmen nedad i gryden.

6.Fordel saucen over pastaen. Drys med den resterende 1 kop Parmigiano. Bages i 20 minutter eller indtil de er let gyldne.

Cannelloni med estragon og pecorino

Ricotta cannelloni med Dragoncello

Giver 6 portioner

Estragon, med sin milde lakridssmag, er ikke meget brugt i Italien, undtagen lejlighedsvis i Umbrien og Toscana. Frisk estragon er afgørende for denne opskrift, da tørret estragon ville være for selvsikker. Hvis du ikke kan finde frisk estragon, skal du erstatte frisk basilikum eller persille.

Disse umbriske cannelloni er lavet med fåreost, som Pecorino Romano, men du kan erstatte Parmigiano-Reggiano. På trods af ost, nødder og pasta virker disse cannelloni lette som luft.

1/2 opskrift (ca. 8 ounce)Frisk pasta med æg, skåret i 4-tommers firkanter til cannelloni

Salt

1 pund hel eller delvist skummet ricotta

1/2 kop friskkværnet Pecorino Romano eller Parmigiano-Reggiano-erstatning

1 sammenpisket æg

1 spsk hakket frisk estragon eller basilikum

1 1/4 tsk stødt muskatnød

2 spsk usaltet smør

1 1/4 kop ekstra jomfru olivenolie

1 1/4 kop pinjekerner

1 spsk estragon eller basilikum

Friskkværnet sort peber

2 spsk friskrevet Pecorino Romano

1. Forbered pastaen. Bring mindst 4 liter vand i kog. Tilsæt halvdelen af pastaen og salt efter smag. Rør forsigtigt. Kog ved høj varme under jævnlig omrøring, indtil pastaen er mør, men let kogt. Brug en hulske til at fjerne pastaen. Overfør pastaen til en skål med koldt vand. Kog resten af pastaen på samme måde.

2. I en stor skål blandes oste, æg, estragon og muskatnød.

3. Sæt en rist i midten af ovnen. Forvarm ovnen til 350 ° F. Smør en stor bageform.

4. Dræn nogle af pastafirkanterne på fnugfrie viskestykker. Fordel cirka 2 spsk af fyldet på en linje i den ene ende af hver pastafirkant. Rul pastaen sammen, start i den fyldte ende, og læg sømsiden nedad i gryden. Gentag med resten af pastaen og fyldet.

5. I en lille gryde ved middel varme smeltes smørret med olivenolien. Tilsæt pinjekerner, estragon og peber. Hæld saucen over cannellonien. Drys med ost.

6. Bag cannellonien i 20 til 25 minutter, eller indtil saucen bobler. Lad hvile 5 minutter før servering.

Ost Ravioli med frisk tomatsauce

Ravioli alla Ricotta

Giver 8 portioner

Køkkengrejsbutikker sælger alle former for udstyr til fremstilling af ravioli. Jeg har en metalbakkeformet indretning, der imponerer pastaplader med en række maver til at holde fyldet, og derefter vendes for at forsegle og skære den perfekte ravioli i to størrelser. Jeg har fine messing- og træstempler, som jeg købte i Parma til at skære firkanter og cirkler ud. Så er der den smarte trækagerulle, der skærer ravioli, hvis du trykker på den med Hercules-kraft, og ravioli-skæreren, der fulgte med min håndsvingede pastamaskine. Selvom jeg har prøvet dem alle, bruger jeg dem aldrig. Den nemmeste måde at lave ravioli på er i hånden med minimalt udstyr. Et kagehjul med krympet kant giver dem en flot kant, selvom du også kan skære dem med en skarp kniv eller pizzahjul.

Dette er en grundlæggende opskrift på ostefyldte ravioli, da de laves i mange regioner i Italien.

1 pund hel eller delvist skummet ricotta

4 ounces frisk mozzarella, revet eller meget fint hakket

1 stort æg, pisket

1 kop friskrevet Parmigiano-Reggiano eller Pecorino Romano

2 spsk hakket frisk persille

Salt og friskkværnet sort peber efter smag.

4 kopper<u>frisk tomatsauce</u>

1 pundFrisk pasta med æg, strakt og skåret i 4-tommer strimler

1. Bland ricotta, mozzarella, æg, 1/2 kop parmigiano, persille og salt og peber sammen. Dæk til og stil på køl.

2. Forbered saucen og pastaen. Drys 2 eller 3 store bageplader med mel. Placer en lille skål fyldt med koldt vand.

3. Læg en stribe af dejen på en let meldrysset overflade. Fold den på midten på langs for at markere midten, og fold den derefter ud. Start omkring 1 tomme fra en af de korte ender, placer teskefulde af fyldet omkring 1 tomme fra hinanden i en lige række ned ad den ene side af folden. Pensl let rundt om fyldet med koldt vand. Fold dejen på siden med fyld. Klem eventuelle luftbobler ud og forsegl kanterne. Brug et riflet kagehjul eller en skarp kniv til at skære mellem de dejdækkede fylddynger. Adskil ravioli og tryk kanterne godt med bagsiden af en gaffel for at forsegle. Læg ravioli i et enkelt lag på en bageplade.

4.Gentag med den resterende dej og fyld. Dæk med et håndklæde og stil på køl, indtil de er klar til at lave mad, eller op til 3 timer, vend stykkerne flere gange, så de ikke klæber til gryden. (For længere opbevaring, frys ravioli på bageplader, indtil de er faste. Læg dem i en kraftig plastikpose og luk tæt. Opbevar i fryseren i op til en måned. Må ikke tø op før tilberedning.)

5.Lige inden servering bringes cirka 4 liter vand i kog i en stor gryde. I mellemtiden opvarmes saucen ved lav varme i en mellemstor gryde. Hæld noget sauce i en varm serveringsskål.

6.Sænk varmen under pastagryden, så vandet koger forsigtigt. Tilsæt ravioli og kog indtil de er møre, 2 til 5 minutter afhængig af ravioliens tykkelse og om de er frosne eller ej. Fjern ravioli fra gryden med en hulske. Dræn godt af.

7.Læg ravioli i serveringsskål. Hæld den resterende sauce i. Drys med den resterende 1/2 dl ost og server med det samme.

Parma-stil ost og spinat ravioli

Tortelli alla Parmigiana

Giver 8 portioner

Mens ricottafyldte ravioli nok er de mest populære i Italien, er en lignende version med kogte grøntsager også en favorit. Spinat eller chard er de mest brugte grøntsager, men endive, mælkebøtte, roegrønt og borage bruges også, afhængigt af regionen.

I denne Parma-opskrift er mascarponen erstattet af noget ricotta, og manolden er den typiske grønne. På et tidspunkt var det traditionelt at servere dem til sankthansdagen den 21. juni. Bemærk, at parmigiani kalder dem tortelli.

1 pund frisk spinat eller chard, stilke fjernet

Salt

1 kop hel eller halvskummet ricotta

1 kop mascarpone (eller en ekstra kop ricotta)

1 stort æg, pisket

1 kop friskrevet Parmigiano-Reggiano

En knivspids friskkværnet muskatnød

Friskkværnet sort peber

1 opskriftFrisk pasta med æg, strakt og skåret i 4-tommer strimler

8 spsk (1 pind) usaltet smør

1. Læg grøntsagerne i en stor gryde med 1/2 kop vand og salt efter smag. Dæk til og kog over medium-lav varme, indtil grøntsagerne er bløde og møre, cirka 5 minutter. Dræn og lad afkøle. Pak grøntsagerne ind i et fnugfrit køkkenrulle eller et stykke osteklæde og pres det med hænderne for at trække al saften ud. Hak grøntsagerne fint.

2. I en stor skål blandes de hakkede grøntsager, ricotta, mascarpone, hvis du bruger, æg, 1/2 kop revet ost, muskatnød og salt og peber efter smag.

3. Forbered pastaen. Forbered og kog raviolien som beskrevet i opskriften.<u>Ost ravioli</u>, trin 2 til 6.

4.Mens raviolien koger, smeltes smørret over medium varme. Hæld halvdelen af smørret i en serveringsskål. Tilsæt ravioli og det resterende smeltede smør.

5.Drys med den resterende 1/2 kop Parmigiano og server straks.

Vinter Squash Ravioli med smør og mandler

Tortelli di Zucca al Burro e Mandorle

Giver 8 portioner

Om efteråret og vinteren, hvor der er masser af vintersquash på markedet, tilbereder kokke i Lombardiet og Emilia-Romagna disse let søde ravioli med accent af mandelsmag fra amaretti-kager. Opskriften er meget gammel, sandsynligvis dateret tilbage til renæssancen, hvor søde fødevarer ofte dukkede op under et måltid på aristokratiske borde som et tegn på rigdom.

Nogle opskrifter kræver tilsætning af en spiseskefuld drænet og finthakket mostarda (frugter konserveret i en krydret sennepssirup) til græskarblandingen. De ristede mandler giver toppingen et sprødt præg.

Omkring 2 pund butternut eller Hubbard squash

1 1/4 kop friskrevet Parmigiano-Reggiano

1/4 kop fint knuste amaretti cookies

1 stort æg

1 1/4 tsk stødt muskatnød

Salt efter smag

1 pund Frisk pasta med æg, strakt og skåret i 4-tommer strimler

1 pind (4 ounce) usaltet smør

2 spsk hakkede ristede mandler

1. Sæt en rist i midten af ovnen. Forvarm ovnen til 400 ° F. Smør en lille bageplade. Skær græskarret i halve og fjern kerner og fibre. Læg halvdelene med snitsiden nedad i gryden. Bages i 1 time eller indtil de er møre, når de er gennemboret med en kniv. Lad afkøle.

2. Fjern kødet fra huden. Før kødet gennem en madkværn med et fint blad eller purér det i en foodprocessor eller blender. Tilsæt 3/4 kop ost, amaretti, æg, muskatnød og salt. Smag til krydderier.

3. Forbered pastaen. Forbered og kog raviolien som beskrevet i opskriften. Ost ravioli, trin 2 til 6.

4. Mens raviolien koger, smeltes smørret over medium varme. Hæld halvdelen af smørret i en varm serveringsskål. Tilsæt ravioli og det resterende smeltede smør. Bland dem med mandler. Drys med resterende 1/2 kop ost. Server straks.

Kød Ravioli med tomatsauce

Agnolotti i Pomodoro Sauce

Gør 8 til 10 portioner

Italienske kokke starter sjældent fra bunden, når de tilbereder et kødfyld til frisk pasta. Typisk hakkes rester fra en gryderet eller steg og fugtes med kødsaften. Ost, kogte grøntsager eller rasp kan tilsættes for at fordele fyldet, og blandingen bringes sammen med sammenpisket æg. Da jeg ikke altid har rester til rådighed til raviolifyld, laver jeg denne nemme gryderet som raviolifyld.

3 kopper<u>Toscansk tomatsauce</u>

2 spsk usaltet smør

1 pund hakket okse- eller kalvekød

1 udbenet, skindfri kyllingebryst, skåret i 1-tommers stykker

1 mellemstor løg hakket

1 mellemstor gulerod, hakket

1 lille ribben selleri, hakket

1 fed hvidløg finthakket

Salt og friskkværnet sort peber

1 1/2 kop tør hvidvin

1 kop Parmigiano-Reggiano eller Pecorino Romano

2 store æggeblommer

1 pund<u>Frisk pasta med æg</u>, strakt og skåret i 4-tommer strimler

1. Forbered saucen. Smelt derefter smørret i en stor stegepande ved middel varme. Tilsæt oksekød og kylling og steg, indtil kødet ikke længere er lyserødt, og bryd eventuelle klumper af hakket oksekød op med en ske.

2. Tilsæt løg, gulerod, selleri og hvidløg. Kog i 10 minutter under jævnlig omrøring, eller indtil grøntsagerne er bløde. Smag til med salt og peber.

3. Tilsæt vin og lad det simre i 1 minut. Dæk gryden til og reducer varmen til lav. Kog 1 og en halv time eller indtil kødet er meget mørt. Tilsæt lidt vand til gryden, hvis blandingen bliver for tør. Fjern fra varmen og lad afkøle.

4. Skrab kødblandingen i en foodprocessor eller hakkemaskine. Hak eller kværn kødet til det er fintmalet, men ikke dejagtigt. Overfør kødblandingen til en skål.

5. Tilsæt 1/2 kop revet ost til kødblandingen og bland godt. Smag til krydderier. Tilsæt æggeblommerne.

6. Forbered pastaen. Forbered og kog raviolien som beskrevet i opskriften.<u>Ost ravioli</u>, trin 2 til 6. Server varm med sauce og drys med den resterende 1/2 kop ost.

Toscansk pølse ravioli

Tortelli Casetinese

Giver 8 portioner

Tortelli*er et andet navn for ravioli, der ofte bruges i Toscana og Emilia-Romagna. Disse tortelli, fyldt med svinepølse, er lavet i stil med Casentino-delen af Toscana, en region, der også er kendt for sine smukke uldprodukter.*

3 kopper<u>Toscansk tomatsauce</u>

1 fed hvidløg, meget fint hakket

2 spsk olivenolie

1 pund skind, skindfri italiensk svinepølse

2 store æg

2 spsk tomatpure

1 kop friskrevet Pecorino Romano

1/4 kop tørre brødkrummer

2 spsk hakket frisk persille

Et nip friskrevet muskatnød

Salt og friskkværnet sort peber

1 pund<u>Frisk pasta med æg</u>, strakt og skåret i 4-tommer strimler

1. Forbered saucen. Kog derefter hvidløget i olien ved middel varme i 1 minut i en stor stegepande. Tilsæt pølsekødet og steg under jævnlig omrøring, indtil kødet er gennemstegt. Læg pølsekødet over på et skærebræt og hak det fint.

2. Pisk æggene i en stor skål, indtil de er blandet. Pisk tomatpureen. Tilsæt pølsekød, 1/2 kop ost, rasp, muskatnød og salt og peber efter smag.

3. Forbered pastaen. Forbered og kog raviolien som beskrevet i opskriften.<u>Ost ravioli</u>, trin 2 til 6. Hæld sauce og server straks med den resterende 1/2 kop revet ost.

Krydret ravioli, march-stil

Marchegiana Ravioli

Giver 8 portioner

Kokke fra Marche-regionen ved Adriaterhavskysten er kendt for deres dygtige brug af krydderier i salte retter. Disse ravioli, for eksempel lavet med en række forskellige grøntsager og ost, er smagt til med citronskal, kanel og muskatnød. Server dem med<u>Ragú i stil med marche</u>eller en simpel<u>Smør og salviesauce</u>.

Cirka 4 kopper<u>Ragú i stil med marcher</u>

12 ounces blandede grøntsager såsom spinat, chard, radicchio eller mælkebøtte

1 kop hel eller halvskummet ricotta

1 stort æg, pisket

1 kop revet Parmigiano-Reggiano

1 tsk citronskal

Knip revet muskatnød

Knip stødt kanel

Salt og friskkværnet sort peber

1 pund Frisk pasta med æg, strakt og skåret i 4-tommer strimler

1. Forbered ragù. Kom derefter spinaten i en stor gryde ved middel varme med 1/4 dl vand. Dæk til og kog i 2 til 3 minutter, eller indtil de er bløde og møre. Dræn og afkøl. Pak spinaten ind i et fnugfrit klæde og pres så meget vand ud som muligt. Hak spinaten fint.

2. I en stor skål piskes ricotta, æg, 1/2 kop ost, citronskal, muskatnød, kanel og salt og peber sammen.

3. Forbered pastaen. Forbered og kog raviolien som beskrevet i opskriften. Ost ravioli, trin 2 til 6. Overfør ravioli til en serveringsskål. Hæld sauce og server straks med resterende 1/2 kop ost.

Svampe-ravioli i smør og salvie

Agnolotti ai Funghi

Giver 8 portioner

Kombinationen af svampe og merian er typisk for Ligurien, hvor denne opskrift stammer fra. Hvide svampe er fine som fyld til disse ravioli, men for en ekstra speciel smag, tilsæt nogle vilde svampe til fyldet.

3 spsk usaltet smør

1 spsk olivenolie

1 pund friske svampe, skåret i tynde skiver

1 tsk frisk merian eller timian eller en knivspids tørret

Salt og friskkværnet sort peber

1 1/2 kop hel eller delvist skummet ricotta

1 kop friskrevet Parmigiano-Reggiano

1 æggeblomme

1 pund<u>Frisk pasta med æg</u>, strakt og skåret i 4-tommer strimler

1/2 kop<u>Smør og salviesauce</u>

1. I en stor stegepande smeltes smørret med olien over medium varme. Tilsæt svampe, merian og salt og peber efter smag. Kog, under omrøring af og til, indtil svampene er møre og saften er fordampet. Lad afkøle.

2. Kom svampene over i en foodprocessor og hak dem fint. Tilsæt ricotta og 1/2 kop Parmigiano og smag til. Tilsæt æggeblommen.

3. Forbered pastaen. Forbered og kog raviolien som beskrevet i opskriften.<u>Ost ravioli</u>, trin 2 til 6.

4. Tilbered imens saucen. Hæld halvdelen af saucen i en varm serveringsskål. Tilsæt den kogte ravioli. Hæld den resterende sauce over og drys med resterende 1/2 kop Parmigiano-Reggiano. Server straks.

Kæmpe ravioli med trøffelsmør

Ravioloni al Tuorlo d'Uovo

Giver 4 portioner

En af disse ekstra store, ekstra rige ravioli er nok til at tjene som en forret. Jeg havde det første gang for disse år siden på restauranten San Domenico i Imola, grundlagt af den store kok Nino Bergese, kendt for sin kreative tilgang til det klassiske italienske køkken.

Dette er en højst usædvanlig opskrift. Frisk æggepasta er fyldt med en ring af ricotta rullet rundt om en æggeblomme. Når ravioloen skæres, siver den letkogte blomme ud og blandes med smørsaucen. På San Domenico blev ravioloni toppet med tyndt barberet friske hvide trøfler. Pastaens og saucens varme fremhævede dens smag og aroma. Effekten var ekstraordinær, og jeg vil altid huske det som noget af det lækreste, jeg nogensinde har spist.

Selvom de kan virke lidt komplicerede, er disse ravioli faktisk ret enkle at lave og meget imponerende at servere. For det bedste resultat skal du samle raviolien lige før tilberedning. Du kan erstatte friskbarberede Parmigiano-Reggiano-flager med trøflen. De fleste trøffelolier har en kunstig smag, så dem undgår jeg.

1 pundFrisk pasta med æg, strakt og skåret i fire 8 × 4-tommer strimler

1 kop hel eller halvskummet ricotta

2 spsk friskrevet Parmigiano-Reggiano

Knip stødt muskatnød

Salt og friskkværnet sort peber

4 store æg

$1$1/2 kop usaltet smør, smeltet

Frisk hvid eller sort trøffel eller et stort stykke Parmigiano-Reggiano

1. Forbered pastaen. Bland derefter ricotta og revet ost, muskatnød og salt og peber efter smag. Skrab fyldet i en wienerbrødspose udstyret med en 1/2-tommers spids eller en kraftig plastikpose, skær det ene hjørne for at skabe en 1/2-tommers åbning.

2.Hold den resterende pasta tildækket, og læg en strimmel på et bord. Fold strimlen på midten på kryds og tværs, og fold derefter ud for at folde midten. Efterlad en 1/2-tommers kant rundt om, og læg en cirkel af osteblandingen på dejen på den ene side af folden. Adskil det ene æg, og lad det hvide være til anden brug. Slip forsigtigt blommen ind i midten af cirklen. Pensl osten let med koldt vand. Fold den anden halvdel af pastaen over fyldet. Tryk på kanterne af dejen med en gaffel for at forsegle. Gentag med resten af pastaen og fyldet.

3.Bring mindst 2 liter vand i kog. Sænk varmen, indtil vandet koger. Tilsæt salt efter smag. Læg forsigtigt raviolien i vandet og kog indtil pastaen er mør, cirka 3 minutter.

4.Hæld lidt smør på hver af de 4 opvarmede tallerkener. Fjern raviolierne en ad gangen med en hulske. Læg en raviolo på hver tallerken og hæld det resterende smør i. Brug en roterende grøntsagsskræller, barber tynde skiver af trøffel, hvis du bruger, eller Parmigiano-flager over toppen. Server straks.

Roeravioli med valmuefrø

Casunziei di Barbabietole Rosse

Giver 8 portioner

I Veneto er det traditionelt at servere disse smukke ravioli til jul. Jeg elsker den måde, rødbedefyldet viser sig gennem pastaen som en delikat rødme. Disse ravioli er typiske for Cortina d'Ampezzo, et verdensberømt skisportssted i den nordlige alpine del af regionen. Valmuefrøene i saucen afspejler indflydelsen fra det nærliggende Østrig. Valmuefrø mister hurtigt deres friskhed i varme stuetemperaturer, så lugt til dem for at sikre, at de ikke er blevet harske. Opbevar valmuefrø i en tætlukket beholder i køleskabet eller fryseren.

4 mellemstore rødbeder, trimmet og skrubbet

1 1/2 kop hel eller delvist skummet ricotta

1 kop friskrevet Parmigiano-Reggiano

2 spsk tørre brødkrummer

Salt og friskkværnet sort peber

1 pund<u>Frisk pasta med æg</u>, strakt og skåret i 4-tommer strimler

8 spsk (1 pind) usaltet smør

1 spsk valmuefrø

1. Læg rødbederne i en mellemstor gryde med koldt vand til at dække. Bring det i kog og kog indtil de er møre, når de er gennemboret med en kniv, cirka 30 minutter. Dræn og lad afkøle.

2. Skræl rødbederne og skær dem i stykker. Kom dem i en foodprocessor og hak dem fint. Tilsæt ricotta, 1/2 kop Parmigiano-Reggiano, brødkrummer og salt og peber efter smag. Behandl lige indtil det er blandet, men stadig lidt tykt.

3. Forbered pastaen. Forbered og kog raviolien som beskrevet i opskriften.<u>Ost ravioli</u>, trin 2 til 6.

4. Smelt imens smørret med valmuefrø og en knivspids salt. Hæld halvdelen af smørret i en varm serveringsskål. Overfør ravioli til skål. Hæld den resterende sauce over ravioli og drys med resterende 1/2 kop Parmigiano-Reggiano. Server straks.

Pasta ringe fyldt med kød i flødesauce

Tortellini alla Panna

Giver 8 portioner

Ifølge en romantisk legende blev disse ringformede pastalommer opfundet af en kok, der spionerede på gudinden Venus i hendes badeværelse. Inspireret af hendes skønhed skabte han en pasta i form af hendes navle. Andre versioner af historien siger, at skønheden var Caterina di Medici. Uanset inspirationen bag dem, serveres disse vidunderligt svømmende i en rig okse- eller hønsebouillon eller i en simpel fløde- eller smørsauce. Alt mere end det ville være en overdrivelse.

4 spsk usaltet smør

4 ounce udbenet svinekam, skåret i 1-tommers terninger

4 ounce importeret italiensk prosciutto

4 ounce mortadella

1 1/2 kop friskrevet Parmigiano-Reggiano

1 stort æg

¼ tsk friskkværnet muskatnød

1 pund <u>Frisk pasta med æg</u>, strakt og skåret i 4-tommer strimler

1½ dl flødeskum eller fløde

Salt

1. Smelt 2 spsk smør i en lille stegepande over medium varme. Tilsæt svinekødet og kog under omrøring af og til, indtil det er gennemstegt, cirka 20 minutter. Lad afkøle.

2. Kværn svinekød, prosciutto og mortadella i en foodprocessor eller kødhakker, indtil det er meget fint. Overfør kødet til en skål. Tilsæt 1 kop Parmigiano-Reggiano, æg og muskatnød.

3. Beklæd 2 eller 3 store bageplader med fnugfrie håndklæder. Drys håndklæderne med mel.

4. Forbered pastaen. Arbejd med et stykke ad gangen, hold resten tildækket.

5. Skær pastaen i 2-tommers firkanter. Læg cirka 1/2 tsk af fyldet på hver firkant. Fold dejen over fyldet til en trekant. Tryk kanterne godt sammen for at forsegle. Arbejd hurtigt, så dejen ikke tørrer ud.

6. Bring de to modstående punkter i trekanten sammen for at danne en cirkel. Klem enderne for at forsegle. Læg den formede tortellino på en bageplade, mens du forbereder resten af dejen og fyldet på samme måde.

7. Stil tortellini på køl i op til flere timer eller natten over, vend stykker af og til. (For længere opbevaring, frys på bagepladen i 1 time eller indtil den er fast, og overfør derefter til kraftige plastikposer og opbevar i fryseren i op til en måned. Må ikke tø op før tilberedning.)

8. For at lave saucen, smelt de resterende 2 spsk smør med fløden og et nip salt i en gryde, der er stor nok til at rumme al pastaen. Bring det i kog og kog i 1 minut, eller indtil det er let tyknet.

9. Kog mindst 4 liter vand i en stor gryde. Tilsæt tortellini og salt efter smag. Rør af og til, indtil vandet koger igen. Skru ned for varmen, så vandet koger blidt. Kog i 3 minutter eller indtil let kogt. Dræn godt af.

10. Hæld tortellinien i gryden med fløden og rør forsigtigt. Tilsæt den resterende 1/2 kop Parmigiano-Reggiano og rør igen. Server straks.

Kartoffeltortelli med pølseragout

Tortelli di Patate al Ragù di Salsiccia

Gør 6 til 8 portioner

Kartoffelmos med Parmigiano-Reggiano-smag fylder friske pastaringe i det sydlige Emilia-Romagna og det nordlige Toscana. I stedet for firkanter, som i<u>Pasta ringe fyldt med kød i flødesauce</u>opskrift, disse starter som cirkler af dej og formes derefter til ringe. Server dem med en lække<u>rpølseragout</u>, eller bare nyd dem med<u>Smør og salviesauce</u>.

4 1/2 kop<u>pølseragout</u>

3 halvkogte kartofler

2 spsk usaltet smør, ved stuetemperatur

1 kop friskrevet Parmigiano-Reggiano

1/8 tsk frisk revet muskatnød

Salt og friskkværnet sort peber

1 pund<u>Frisk pasta med æg</u>, strakt og skåret i 4-tommer strimler

1. Forbered ragù. Læg derefter de hele kartofler i en gryde med koldt vand, så de dækker. Bring det i kog og kog indtil kartoflerne er møre, når de stikkes igennem med en kniv, cirka 20 minutter. Dræn og lad afkøle.

2. Skræl kartoflerne og mos dem med en mad- eller ricinusmølle, indtil de er glatte. Tilsæt smør, 1/2 kop ost, muskatnød og salt og peber efter smag.

3. Drys to bageplader med mel.

4. Forbered pastaen. Brug en 2-tommers rund kage- eller kikskærer eller et lille glas til at skære dejen i cirkler. Læg en teskefuld af fyldet på den ene side af hver cirkel. Dyp fingerspidsen i koldt vand og fugt dejcirklen halvvejs. Fold dejen over fyldet til en halvcirkel. Tryk kanterne fast for at forsegle. Saml de to hjørner af dejen og tryk dem sammen. Læg tortellien på den forberedte bageplade. Gentag med den resterende dej og fyld.

5. Dæk til og afkøl, vend stykker af og til i op til 3 timer. (For længere opbevaring, frys pasta på bageplader. Overfør til kraftige plastikposer. Forsegl tæt og frys op til en måned. Må ikke tø op før tilberedning.)

6. Når du er klar til at koge tortellien, koger du mindst 4 liter vand. Bring saucen i kog. Tilsæt pastaen til det kogende vand med salt efter smag. Rør grundigt. Kog over medium varme under jævnlig omrøring, indtil pastaen er mør, men stadig fast til bid.

7. Hæld noget sauce i en varm serveringsskål. Dræn pastaen godt og kom den i skålen. Top med den resterende sauce og 1/2 kop ost. Server straks.

Kartoffel Gnocchi

Gnocchi di Patate med Ragù eller Sugo

Giver 6 portioner

Romerske trattoriaer har normalt daglige specialiteter. Torsdage er normalt deres dag til at servere kartoffelgnocchi, selvom gnocchi også laves til den store søndagsfrokost hjemme hos mor, når hele familien er samlet.

Det vigtige at huske, når du laver kartoffelgnocchi, er at håndtere dem forsigtigt og aldrig overanstrenge kartoflerne ved at komme dem i en foodprocessor eller blender. Kartoflernes fugtindhold afgør, hvor meget mel du skal bruge.

Hvis du er i tvivl om, hvorvidt du har tilføjet nok mel til dejen, så prøv dette trick, som en dygtig kok foreslog mig. Lav en test gnòcco. Knib et lille stykke dej af og kog det i en lille gryde med kogende vand, indtil det flyder til overfladen, og kog derefter 30 sekunder mere. Tag det op af vandet og prøv det. Dejkuglen skal holde formen uden at være blød eller hård. Hvis den er for blød, æltes den med mere mel. Hvis det er svært, har det sikkert allerede for meget mel. Start igen eller prøv at koge gnocchierne lidt længere.

4 kopper<u>Napolitansk ragout</u>enten<u>frisk tomatsauce</u>

11/2 pund bagekartofler

Cirka 2 kopper universalmel

1 stor æggeblomme, pisket

Salt

1.Forbered ragout eller sauce. Læg derefter kartoflerne i en stor gryde med koldt vand til at dække. Dæk gryden til og bring det i kog. Kog til kartoflerne er møre, når de er gennemboret med en kniv, cirka 20 minutter. Drys to store bageplader med mel.

2.Mens kartoflerne stadig er varme, skrælles de og skæres i stykker. Mos kartoflerne ved at bruge de mindre huller i en madmølle eller mølle eller i hånden med en kartoffelmoser. Tilsæt æggeblommen og 2 tsk salt. Tilsæt en kop mel, indtil det er blandet. Dejen bliver stiv.

3. Skrab kartoflerne ud på en meldrysset overflade. Ælt kort, og tilsæt lige nok mel, så gnocchierne holder formen, når de koges, men ikke så meget, at de bliver tunge. Dejen skal være lidt klistret.

4. Stil dejen til side. Skrab brættet for at fjerne eventuelle resterende dej. Vask og tør hænderne, og drys derefter med mel. Placer en eller to store bradepander og drys med mel.

5. Skær dejen i 8 stykker. Hold den resterende dej dækket og rul et stykke til et langt reb, der er cirka 3/4 tomme tykt. Skær rebet i 1/2 tomme lange klumper.

6. For at forme dejen skal du holde en gaffel i den ene hånd med tænderne pegende nedad. Med tommelfingeren på den anden hånd ruller du hvert stykke dej over bagsiden af piggene, og tryk let for at lave riller på den ene side og en fingerindrykning på den anden. Drop gnocchien på de forberedte pander. Stykkerne må ikke røre hinanden. Gentag med den resterende dej.

7. Stil gnocchierne på køl, indtil de skal tilberedes. (Gnocchi kan også fryses. Læg bageplader i fryseren i en time eller indtil de er faste. Læg gnocchi i en stor kraftig plastikpose. Frys op til en måned. Må ikke tø op før tilberedning.)

8. Hav en opvarmet flad serveringsskål klar. Hæld et tyndt lag varm sauce i skålen.

9. For at tilberede gnocchi, bring en stor gryde vand i kog. Tilsæt 2 spsk salt. Sænk varmen, så vandet koger blidt. Drop gnocchierne i vandet et par stykker ad gangen. Kog i 30 sekunder, efter at gnocchien er steget til overfladen. Fjern gnocchierne fra gryden med en hulske, og dræn stykkerne godt. Overfør til serveringsskål. Gentag med de resterende gnocchi.

10. Vend gnocchien med saucen. Hæld den resterende sauce i; drys med ost. Serveres varm.

Bøffer med tomat og balsamicoeddike

Filleti di Pesce al Balsamico

Giver 4 portioner

Denne kombination af varm, let sprød fisk og frisk tomat- og urtetopping er en af mine favoritter.

1 stor tomat, skrællet, kernet og finthakket

2 spsk kapers, skyllet og afdryppet

2 spsk hakket frisk purløg

Salt og friskkværnet sort peber

1 spsk balsamicoeddike

1 1/4 kop mel

1 1/2 pund grouper, pompano eller andre faste fiskefileter

4 spsk usaltet smør

1. Bland tomat, kapers, purløg, salt og peber efter smag. Tilsæt eddike.

2. Fordel melet på et stykke vokspapir. Drys fisken med salt og peber. Rul fileterne i melet, ryst det overskydende let af.

3. I en stor stegepande smeltes smør over medium varme. Tilsæt fisken og kog, vend én gang, indtil den er lige uigennemsigtig, når den skæres gennem den tykkeste del, ca. 8 til 10 minutter, afhængigt af fileternes tykkelse.

4. Læg fileterne på et serveringsfad. Dræn tomatblandingen og læg den over fisken. Serveres varm.

Fyldt sål

Sogliole Ripiene

Giver 4 portioner

Tilstedeværelsen af rosiner, pinjekerner og kapers i dette velsmagende fyld er normalt et tegn på en siciliansk ret, selvom denne opskrift kommer fra Ligurien. Uanset oprindelsen forstærker fyldet de hvide fiskefileter. Vælg store, tynde fileter, såsom søtunge eller skrubber.

1 1/2 kop brødkrummer

2 spsk pinjekerner

2 spsk rosiner

2 spsk kapers, skyllet og afdryppet

1 spsk hakket frisk persille

1 lille fed hvidløg, finthakket

3 spsk olivenolie

2 spsk frisk citronsaft

Salt og friskkværnet sort peber

4 fileter af tunge, skrubber eller andre tynde fileter (ca. 1 1/2 pund)

1. Sæt en rist i midten af ovnen. Forvarm ovnen til 400 ° F. Smør en stor bageplade.

2. Bland brødkrummer, pinjekerner, rosiner, kapers, persille og hvidløg. Tilsæt 2 spsk olie, citronsaft og salt og peber efter smag.

3. Reserver 2 spiseskefulde af krummeblandingen. Fordel resten mellem halvdelen af hver filet. Fold fileterne over for at omslutte fyldet. Læg fileterne i bradepanden. Drys med reserveret krummeblanding. Dryp med den resterende spiseskefuld olie.

4. Bages i 6 til 8 minutter, eller indtil de lige er uigennemsigtige, når de skæres i den tykkeste del. Serveres varm.

Tungeruller med basilikum og mandler

Sogliola med Basilico e Mandorle

Giver 4 portioner

Andrea Felluga fra Livio Felluga vingård tog min mand og jeg under hendes vinger og viste os rundt i hendes region Friuli-Venezia Giulia. En mindeværdig by, vi besøgte, var Grado, ved Adriaterhavskysten. Grado, som ligger på en ø, var et tilflugtssted for romerske borgere fra det nærliggende Aquileia, der flygtede fra Hunners Attilas angreb i det 5. århundrede. I dag er det en badeby, selvom få ikke-italienere ser ud til at besøge, men i stedet flokkes der i massevis til nærliggende områder. Venedig. Vi spiste tunge tilberedt på denne måde på Restaurante Colussi, en livlig restaurant, der serverer typisk mad fra regionen.

4 fileter af tunge, skrubber eller andre tynde fileter (ca. 1 1/2 pund)

Salt og friskkværnet sort peber

6 friske basilikumblade, finthakket

2 spsk usaltet smør, smeltet

1 spsk frisk citronsaft

1/4 kop skivede mandler eller pinjekerner

1.Sæt en rist i midten af ovnen. Forvarm ovnen til 350 ° F. Smør en lille ovnfast fad.

2.Skær tungefileterne i halve på langs. Læg fileterne med skindsiden opad på en flad overflade og drys med salt og peber. Drys med halvdelen af basilikum, smør og citronsaft. Start i den bredeste ende og rul fiskestykkerne sammen. Læg rullerne med sømsiden nedad i bageformen. Dryp med resterende citronsaft og smør. Fordel den resterende basilikum og valnødder ovenpå.

3.Bag fisken i 15 til 20 minutter, eller indtil den er uigennemsigtig, når den skæres gennem den tykkeste del. Serveres varm.

Marineret tun, siciliansk stil

Tonno Condito

Giver 4 portioner

Tunen i denne opskrift er forsigtigt dampet og derefter pyntet med friske urter og krydderier. Det ville være et køligt og forfriskende sommermåltid serveret på en seng med babygrønt salat eller rucola med en kartoffelsalat.

1 1/4 pund tunfileter, cirka 3/4 tomme tykke

2 spsk rødvinseddike

Salt

3 til 4 spiseskefulde ekstra jomfru olivenolie

1 fed hvidløg finthakket

2 spsk hakket frisk persille

1 spsk hakket frisk mynte

1/2 tsk stødt rød peber

1. Fyld en gryde, der passer på et dampstativ, med 1/2 tomme vand. Bring vandet i kog. Skær imens tunen i 1/2 tomme tykke strimler. Fordel fisken på dampkogerstativet. Læg stativet i gryden. Dæk gryden til, og lad tunen dampe i 3 minutter eller indtil midten er let rosa. Test for færdighed ved at lave et lille snit i den tykkeste del af fisken.

2. I en dyb tallerken piskes eddike og salt sammen. Tilsæt olie, hvidløg, krydderurter og knust rød peber. Tilsæt tunstykkerne.

3. Lad stå ca 1 time før servering.

Tunspyd med appelsin

Spiedini di Tonno

Giver 4 portioner

Hvert forår samles sicilianske fiskere til mattanza, slagtning af tun. Dette rituelle fiskemaraton involverer adskillige små både fyldt med mænd, der hyrder vandrende tun ind i en række mindre og mindre net, indtil de er fanget. De enorme fisk bliver derefter dræbt og taget ombord på bådene. Processen er besværlig, og mens mændene arbejder, synger de særlige sange, som historikere går tilbage til middelalderen eller endnu tidligere. Selvom denne praksis er ved at dø ud, er der stadig nogle steder langs den nordlige og vestlige kyst, hvor mattanza finder sted.

Sicilianere har utallige måder at tilberede tun på. Med denne er aromaen af grillet appelsin og urter forud for den fristende smag af stykker af fastkødet fisk.

1 1/2 pund frisk tun, sværdfisk eller laksefileter (ca. 1 tomme tykke)

1 navleappelsin, skåret i 16 stykker

1 lille rødløg, skåret i 16 stykker

2 spsk olivenolie

2 spsk frisk citronsaft

1 spsk hakket frisk rosmarin

Salt og friskkværnet sort peber

6 til 8 laurbærblade

1. Skær tunen i 1 1/2-tommers stykker. I en stor skål, smid tun-, appelsin- og rødløgsstykkerne med olivenolie, citronsaft, rosmarin og salt og peber efter smag.

2. Placer grillen eller grillen omkring 5 tommer fra varmekilden. Forvarm grill eller slagtekylling.

3. Træk tun, appelsinstykker, løg og laurbærblade skiftevis på 8 spyd.

4. Grill eller steg indtil tunen er gyldenbrun, cirka 3 til 4 minutter. Vend spyddene og kog indtil de er gyldenbrune på ydersiden, men stadig lyserøde i midten, cirka 2 minutter mere, eller indtil de er kogte efter smag. Serveres varm.

Grillet tun og peber, Molise Style

Tonno e Pepperoni

Giver 4 portioner

Peberfrugt og chilipeber er et af kendetegnene for køkkenet i Molise-stil. Jeg lavede først denne ret med sgombri, som minder om makrel, men jeg laver den ofte med tun eller sværdfiskefileter.

4 røde eller gule peberfrugter

4 tunbøffer (hver ca. 3/4 tomme tyk)

2 spsk olivenolie

Salt og friskkværnet sort peber

1 spsk frisk citronsaft

2 spsk hakket frisk persille

1 lille jalapeño eller anden frisk chili, finthakket eller stødt rød peber efter smag

1 fed hvidløg finthakket

1. Placer grillen eller slagtekyllingen omkring 5 tommer fra varmekilden. Forbered en mellemvarm varme på en grill eller forvarm slagtekyllingen.

2. Grill eller steg peberfrugterne, vend ofte, indtil skindet er blæret og let forkullet, cirka 15 minutter. Læg peberfrugterne i en skål og dæk dem med aluminiumsfolie eller plastfolie.

3. Pensl tunfileter med olie og salt og peber efter smag. Grill eller steg fisken, indtil den er brunet på den ene side, cirka 2 minutter. Vend fisken med en tang og steg indtil den er gyldenbrun på den anden side, men stadig lyserød i midten, ca. 2 minutter mere, eller indtil den er færdig efter smag. Test for færdighed ved at lave et lille snit i den tykkeste del af fisken.

4. Udkern, skræl og kerner peberfrugten. Skær peberfrugterne i 1/2-tommers strimler og læg dem i en skål. Smag til med 2 spsk olie, citronsaft, persille, chili, hvidløg og salt efter smag. Bland forsigtigt.

5. Skær fisken i 1/2-tommers skiver. Arranger skiverne lidt overlappende på en tallerken. Hæld peberfrugterne over toppen. Serveres varm.

Grillet tun med citron og oregano

Tonno alla Griglia

Giver 4 portioner

Første gang jeg besøgte Sicilien, i 1970, var der ikke mange restauranter; dem, der eksisterede, syntes alle at tjene den samme menu. Jeg spiste tun- eller sværdfiskfileter tilberedt på denne måde til stort set hver frokost og aftensmad. Heldigvis var han altid godt forberedt. Sicilianere skærer deres fiskefileter kun 1/2 tomme tykke, men jeg foretrækker dem 1 tomme tykke, så de ikke let bliver overkogte. Tun er bedst, fugtig og mør, når den koges, indtil midten er rød eller lyserød, mens sværdfisk skal være let lyserød. Fordi den har brusk, der skal mørnes, kan hajen koges lidt længere.

4 tun-, sværdfisk- eller hajfileter, cirka 1 tomme tykke

Olivenolie

Salt og friskkværnet sort peber

1 spsk friskpresset citronsaft

1 1/2 tsk tørret oregano

1. Placer en grill eller grill cirka 5 tommer fra varmekilden. Forvarm grill eller slagtekylling.

2. Pensl fileterne generøst med olie og tilsæt salt og peber efter smag.

3. Grill fisken, indtil den er let brunet på den ene side, 2 til 3 minutter. Vend fisken og steg, indtil den er let brunet, men stadig lyserød indeni, cirka 2 minutter mere, eller indtil den er færdig efter smag. Test for færdighed ved at lave et lille snit i den tykkeste del af fisken.

4. I en lille skål piskes 3 spsk olivenolie, citronsaft, oregano og salt og peber sammen efter smag. Hæld citronsaftblandingen over tunfileterne og server med det samme.

Grillede sprøde tunbøffer

Tonno alla Griglia

Giver 4 portioner

Brødkrummerne laver en dejlig sprød belægning på disse fiskefileter.

4 tun- eller sværdfiskfileter (1 tomme tykke)

3/4 kop tørre brødkrummer

1 spsk hakket frisk persille

1 spsk hakket frisk mynte eller 1 tsk tørret oregano

Salt og friskkværnet sort peber

4 spsk olivenolie

Citronskiver

1. Forvarm grillen. Smør bradepanden. Bland brødkrummer, persille, mynte og salt og peber sammen i en skål. Tilsæt 3 spsk olie eller nok til at fugte krummerne.

2. Læg fiskefileterne i bradepanden. Fordel halvdelen af krummerne over fisken, klap dem.

3. Grill bøfferne cirka 6 centimeter fra varmen i 3 minutter, eller indtil krummerne er gyldenbrune. Vend forsigtigt fileterne med en metalspatel og drys med resten af krummerne. Steg 2 til 3 minutter mere eller indtil den stadig er lyserød i midten, eller indtil den er færdig efter smag. Test for færdighed ved at lave et lille snit i den tykkeste del af fisken.

4. Dryp med den resterende spiseskefuld olie. Serveres varm, med citronbåde.

Braiseret tun med rucola pesto

Tonno al Pesto

Giver 4 portioner

Den krydrede smag af rucola og den lyse smaragdgrønne farve af denne sauce er et perfekt supplement til frisk tun eller sværdfisk. Denne ret er også god ved kølig stuetemperatur.

4 tunbøffer, cirka 1 tomme tykke

Olivenolie

Salt og friskkværnet sort peber

Rucola pesto

1 bundt rucola, vasket og opstammet (ca. 2 kopper let pakket)

1 1/2 kop let komprimeret frisk basilikum

2 fed hvidløg

1 1/2 kop olivenolie

Salt og friskkværnet sort peber

1. Gnid fisken med lidt olie og salt og peber efter smag. Dæk til og stil på køl indtil klar til at lave mad.

2. For at lave pestoen: Kombiner rucola, basilikum og hvidløg i en foodprocessor, og forarbejd den til den er finthakket. Tilsæt langsomt olie og bearbejd indtil glat. Tilsæt salt og peber efter smag. Dæk til og lad hvile 1 time ved stuetemperatur.

3. Opvarm 1 spsk olie over medium varme i en stor nonstick-gryde. Tilsæt tunskiverne og steg 2 til 3 minutter på hver side, eller indtil de er gyldenbrune på ydersiden, men stadig lyserøde i midten, eller indtil de er kogte efter smag. Test for færdighed ved at lave et lille snit i den tykkeste del af fisken.

4. Server tunen varm eller ved stuetemperatur, overhældt med rucolapesto.

Tun og Cannellini bønnegryderet

Stufato di Tonno

Giver 4 portioner

Om vinteren har jeg en tendens til at tilberede mere kød end fisk og skaldyr, fordi kød virker mere tilfredsstillende, når det er koldt. Undtagelsen er denne gryderet lavet med bønner og friske, kødfulde tunfileter. Den har alle de ribbenfaste egenskaber og den gode smag af en bønnegryderet, men uden kødet, hvilket gør den perfekt til folk, der foretrækker kødfrie måltider.

2 spsk olivenolie

1 1/2 pund frisk tun (1 tomme tyk), skåret i 1 1/2 tomme stykker

Salt og friskkværnet sort peber efter smag.

1 stor rød eller grøn peberfrugt, skåret i små stykker

1 kop flåede tomater på dåse, drænet og hakket

1 stort fed hvidløg, finthakket

6 friske basilikumblade, skåret i stykker

1 dåse (16 ounce) cannellini bønner, skyllet og drænet, eller 2 kopper kogte tørrede bønner

1. Varm olien op i en stor gryde ved middel varme. Dup tunstykkerne tørre med køkkenrulle. Når olien er varm, tilsæt tunstykkerne uden at trænge gryden. Kog indtil stykkerne er let brunede på ydersiden, cirka 6 minutter. Overfør tun til en tallerken. Drys med salt og peber.

2. Tilsæt peberfrugten til stegepanden og kog under omrøring af og til, indtil den begynder at brune, cirka 10 minutter. Tilsæt tomat, hvidløg, basilikum, salt og peber. Bring det i kog. Tilsæt bønnerne, læg låg på og reducer varmen til lav. Kog i 10 minutter.

3. Tilsæt tunen og kog indtil tunen er let rosa i midten, cirka 2 minutter mere, eller indtil den er færdig efter smag. Test for færdighed ved at lave et lille snit i den tykkeste del af fisken. Serveres varm.

Siciliansk sværdfisk med løg

Fish Spada på Sfinciuni

Giver 4 portioner

Sicilianske kokke tilbereder en lækker pizza kaldet sfinciuni, et ord afledt af arabisk, der betyder "let" eller "luftigt". Pizzaen har en tyk, men let skorpe og er toppet med løg, ansjoser og tomatsauce. Denne traditionelle sværdfisk-opskrift er afledt af den pizza.

3 spsk olivenolie

1 mellemstor løg, skåret i tynde skiver

4 hakkede ansjosfileter

1 kop friske tomater, skrællede, frøet og hakkede, eller dåsetomater, drænet og hakket

En knivspids tørret oregano, smuldret

Salt og friskkværnet sort peber efter smag.

4 sværdfiskefileter, cirka 3/4 tomme tykke

2 spsk tørre brødkrummer

1. Hæld 2 spiseskefulde olie i en mellemstor stegepande. Tilsæt løget og steg indtil det er blødt, cirka 5 minutter. Tilsæt ansjoserne og kog 5 minutter mere eller indtil de er meget møre. Tilsæt tomater, oregano, salt og peber og lad det simre i 10 minutter.

2. Sæt en rist i midten af ovnen. Forvarm ovnen til 350 ° F. Smør en bageplade, der er stor nok til at holde fisken i et enkelt lag.

3. Dup sværdfiskefileterne tørre. Læg dem i den forberedte gryde. Drys med salt og peber. Hæld saucen med en ske. Bland brødkrummerne med den resterende spiseskefuld olie. Drys krummerne over saucen.

4. Bag i 10 minutter eller indtil fisken er let rosa i midten. Test for færdighed ved at lave et lille snit i den tykkeste del af fisken. Serveres varm.

Sværdfisk med artiskokker og løg

Fish Spada med Carciofi

Giver 4 portioner

Artiskokker er en af de foretrukne sicilianske grøntsager. De trives i de varme, tørre forhold på Sicilien, og folk dyrker dem i deres hjemhaver som en dekorativ plante. Den sicilianske sort bliver ikke så stor som de kæmper, jeg nogle gange ser på markederne her, og er meget mere mør.

2 mellemstore artiskokker

2 spsk olivenolie

4 tykke fileter af sværdfisk, tun eller haj

Salt og friskkværnet sort peber

2 mellemstore løg

4 hakkede ansjosfileter

1 1/4 kop tomatpure

1 kop vand

1 1/2 tsk tørret oregano

1. Trim artiskokkerne ned til den centrale kegle af lysegrønne blade. Brug en lille køkkenkniv til at skrælle bunden og stilken af artiskokkerne. Skær enderne af stilken. Skær artiskokkerne i halve på langs. Tag chokerene ud. Skær hjerterne i tynde skiver.

2. I en stor stegepande opvarmes olien over medium varme. Dup sværdfisken tør og steg den, indtil den er brunet på begge sider, cirka 5 minutter. Drys med salt og peber. Fjern fisken på en tallerken.

3. Kom løg og artiskokker i gryden. Kog over medium varme, omrør ofte, indtil løgene er bløde, cirka 5 minutter. Tilsæt ansjoser, tomatpure, vand, oregano og salt og peber efter smag. Bring det i kog og sænk varmen. Kog i 20 minutter, eller indtil grøntsagerne er møre, under omrøring af og til.

4. Skub grøntsagerne mod yderkanten af gryden og kom fisken tilbage i gryden. Dryp fisk med sauce. Kog 1 til 2 minutter, eller indtil fisken er gennemvarmet. Server straks.

Sværdfisk, Messina stil

Messina Spada fisk

Giver 4 portioner

Fremragende sværdfisk fanges i siciliansk farvand, og sicilianere har utallige måder at tilberede dem på. Fisken spises rå, skåret papirtynde i en slags carpaccio eller males til pølser, der koges i tomatsauce. Sværdfiskterninger blandes med pasta, steges som kød eller grilles på en grill. Dette er en klassisk opskrift fra Messina på Siciliens østkyst.

1 pund kogende kartofler

2 spsk olivenolie

1 stort løg hakket

1 1/2 kop udstenede sorte oliven, groft hakket

2 spsk kapers, skyllet og afdryppet

2 kopper flåede, frøede og hakkede tomater eller dåsetomater, drænet og hakket

Salt og friskkværnet sort peber

2 spsk hakket fladbladpersille

4 sværdfiskefileter, 1 tomme tykke

1. Skrub kartoflerne og læg dem i en gryde med koldt vand til at dække. Bring vandet i kog og kog indtil kartoflerne er møre, cirka 20 minutter. Dræn, lad afkøle lidt, og skræl derefter kartoflerne. Skær dem i tynde skiver.

2. Hæld olien i en stor gryde. Tilsæt løget og steg under jævnlig omrøring ved middel varme, indtil det er mørt, cirka 10 minutter. Tilsæt oliven, kapers og tomater. Smag til med salt og peber. Kog indtil lidt tyknet, cirka 15 minutter. Tilsæt persillen.

3. Sæt en rist i midten af ovnen. Forvarm ovnen til 425 ° F. Hæld halvdelen af saucen på en bageplade, der er stor nok til at holde fisken i et enkelt lag. Læg sværdfisken i gryden og drys med salt og peber. Læg kartoflerne ovenpå, lidt overlappende skiverne. Hæld den resterende sauce over det hele.

4. Bages i 10 minutter, eller indtil fisken er let rosa i midten og saucen bobler. Serveres varm.

Sværdfisk ruller

Rollatini di Pesce Spada

Giver 6 portioner

Ligesom kalve- eller kyllingekoteletter vikles meget tynde skiver af kødfulde sværdfisk tæt omkring et fyld og tilberedes på en grill eller slagtekylling. Varier fyldet ved at tilsætte rosiner, hakkede oliven eller pinjekerner.

1 1/2 pund sværdfisk, skåret i meget tynde skiver

3/4 kop tørre brødkrummer

2 spsk kapers, skyllet, hakket og afdryppet

2 spsk hakket frisk persille

1 stort fed hvidløg, finthakket

Salt og friskkværnet sort peber

1 1/4 kop olivenolie

2 spsk frisk citronsaft

1 citron skåret i både

1. Placer en grill eller grill cirka 5 tommer fra varmekilden. Forvarm grill eller slagtekylling.

2. Fjern skindet fra sværdfisken. Læg skiverne mellem to ark plastfolie. Slå forsigtigt skiverne, indtil de er en jævn 1/4 tomme tykkelse. Skær fisken i 3 × 2-tommer stykker.

3. I en mellemstor skål kombineres brødkrummer, kapers, persille, hvidløg og salt og peber efter smag. Tilsæt 3 spsk olie og bland indtil krummerne er jævnt fugtede.

4. Læg en spiseskefuld af krummeblandingen i den ene ende af et stykke fisk. Rul fisken og sæt den fast med en tandstik. Læg rullerne på en tallerken.

5. Pisk citronsaft og den resterende olie i. Pensl blandingen over boller. Drys fisken med den resterende brødkrummeblanding, klap for at klæbe.

6. Grill rullerne i 3 til 4 minutter på hver side, eller indtil de er gyldenbrune og rullerne føles faste, når de trykkes og er let lyserøde i midten. De burde være lidt mærkelige. Test for

færdighed ved at lave et lille snit i den tykkeste del af fisken. Serveres varm med citronbåde.

Brændt pighvar med grøntsager

Rombo al Forno med grøntsager

Giver 4 portioner

Calabrien har en lang kystlinje langs Middelhavet. Om sommeren er denne region populær blandt italienere og andre europæere, der leder efter en strandferie til en overkommelig pris. Min mand og jeg kørte engang langs kysten nær Scalea og spiste på en lokal restaurant med en stor brændefyret ovn. Da vi ankom, var kokken ved at fjerne store pander med grøntsager ristet i olivenolie og toppet med frisk hvid fisk. Grøntsagerne brunede og infunderede fisken med deres lækre smag. Herhjemme bruger jeg pighvar, når jeg kan finde det, men andre hvide fiskefileter ville også være gode.

1 rød peberfrugt, skåret i 1-tommers stykker

1 mellemstor zucchini, skåret i 1-tommers stykker

1 mellemstor aubergine, skåret i 1-tommers stykker

4 mellemkogende kartofler, skåret i 1-tommers stykker

1 mellemstor løg, skåret i 1-tommers stykker

1 laurbærblad

1/4 kop plus 1 spsk olivenolie

Salt og friskkværnet sort peber

4 tykke fileter af pighvar, hellefisk eller andre hvide fiskefileter

1 spsk citronsaft

2 spsk hakket frisk persille

1. Sæt en rist i midten af ovnen. Forvarm ovnen til 425 ° F. Vælg en bageplade, der er stor nok til at holde fisken og grøntsagerne i et enkelt lag, eller brug to mindre plader. I gryden kombineres peberfrugt, zucchini, aubergine, kartofler, løg og laurbærblad. Drys med 1/4 dl olivenolie og salt og peber efter smag. Bland godt.

2. Bag grøntsagerne i 40 minutter eller indtil de er let brunede og møre.

3. Læg fiskefileterne på en tallerken og drys med den resterende 1 spsk olie, citronsaft, persille og salt og peber efter smag. Skub grøntsagerne til yderkanten af gryden og tilsæt fisken. Bag yderligere 8 til 10 minutter, afhængigt af fiskens tykkelse,

indtil den er lige uigennemsigtig, når den skæres gennem den tykkeste del. Serveres varm.

Stegt havaborre med hvidløgsgrønt

Branzino alle Verdure

Giver 4 portioner

Rosiner og grøntsager med hvidløgsmag som chard, spinat og endive er en favoritkombination fra Rom til det sydlige Italien. Denne opskrift er inspireret af en ret tilberedt af min ven, kokken Mauro Mafrici, som serverer grøntsagerne med sprødstegte fiskefileter og ristede kartofler.

1 bundt escarole (ca. 1 pund)

3 spsk olivenolie

3 fed hvidløg, skåret i tynde skiver

Knip knust rød peber

1 1/4 kop rosiner

Salt

1 1/4 pund hudfri havaborre, torsk eller anden fast filet, omkring 1 1/2 tomme tyk

1. Adskil bladene og vask endivien i flere skift af koldt vand, og vær særlig opmærksom på de centrale hvide ribben, hvor snavs samler sig. Stak bladene og skær dem på tværs i 1-tommers strimler.

2. Hæld 2 spsk olivenolie i en stor gryde. Tilsæt hvidløg og rød peber. Kog over medium varme, indtil hvidløg er gyldne, cirka 2 minutter.

3. Tilsæt escarole, rosiner og en knivspids salt. Dæk gryden til og kog under omrøring af og til, indtil escarolen er mør, cirka 10 minutter. Smag til og juster krydringen.

4. Skyl fisken og dup den tør. Drys stykkerne med salt og peber. I en medium nonstick-gryde opvarmes den resterende 1 spsk olie over medium varme. Tilsæt fiskestykkerne med skindsiden opad. Kog indtil fisken er gyldenbrun, 4 til 5 minutter. Dæk gryden og kog 2 til 3 minutter mere, eller indtil fisken er lige uigennemsigtig i midten. Test for færdighed ved at lave et lille snit i den tykkeste del af fisken. Det er ikke nødvendigt at vende fisken.

5. Brug en hulske til at overføre escarole til 4 serveringsplader. Top med fisken med den gyldne side opad. Serveres varm.

Scrod med krydret tomatsauce

Merluzzo i Pomodoro Sauce

Giver 4 portioner

Vi spiste denne fisk hjemme hos nogle napolitanske venner, ledsaget af Falanghina, en lækker hvidvin fra regionen. Couscous passer godt til fisk.

2 spsk olivenolie

1 mellemstor løg, skåret i tynde skiver

Knip knust rød peber

2 kopper dåsetomater med deres saft, hakket

En knivspids tørret oregano, smuldret

Salt

1 1/4 pund grouper eller scrod fileter, skåret i stykker til servering

1 1/2 tsk citronskal

1. Hæld olien i en mellemstor stegepande. Tilsæt løg og rød peber. Kog under jævnlig omrøring ved middel varme, indtil løget er mørt og gyldent, cirka 10 minutter. Tilsæt tomater, oregano og salt og lad det simre, indtil saucen tykner, cirka 15 minutter.

2. Skyl fisken og dup den tør, og drys derefter med salt. Kom fisken i gryden og dryp med saucen. Dæk til og kog i 8 til 10 minutter, afhængigt af fiskens tykkelse, indtil den er lige uigennemsigtig, når den skæres gennem den tykkeste del.

3. Brug en hulske til at overføre fisken til et serveringsfad. Hvis fisken har afgivet meget væske, hæves varmen under gryden og koges under jævnlig omrøring, indtil saucen tykner.

4. Tag saucen af varmen og tilsæt citronskal. Hæld saucen over fisken og server med det samme.

Carpaccio af laks

Lakse Carpaccio

Giver 4 portioner

Carpaccio refererer generelt til papirtynde skiver råt kød serveret med en cremet lyserød sauce. Opskriften blev angiveligt skabt for omkring hundrede år siden af en venetiansk restauratør, der ville forkæle en yndlingskunde, hvis læge havde rådet ham til at undgå at spise kogte fødevarer. Restauratøren opkaldte tallerkenen efter Vittore Carpaccio, en maler, hvis arbejde var udstillet på det tidspunkt.

I dag gælder betegnelsen carpaccio for tynde skiver, både rå og kogte. Disse tynde laksekoteletter tilberedes kun på den ene side, så de forbliver fugtige og holder deres form.

4 kopper brøndkarse

3 spsk ekstra jomfru olivenolie

1 spsk frisk citronsaft

1 1/2 tsk citronskal

Salt og friskkværnet sort peber

1 pund laksefilet, skåret i tynde skiver som koteletter

1 grønt løg finthakket

1. Skyl brøndkarsen i flere skift koldt vand. Fjern de seje stilke og tør bladene godt. Skær i små stykker og kom i en skål.

2. I en skål piskes 2 spsk olie, citronsaft, skal og salt og peber sammen efter smag.

3. Opvarm 1 spsk olie i en stor nonstick-gryde ved høj varme. Tilføj så meget fisk, der passer i et enkelt lag. Kog indtil let brunet i bunden, men stadig sjældent på toppen, ca. 1 minut. Brug en stor spatel til at fjerne laksen fra panden og læg den brunede side opad på et stort serveringsfad. Drys med salt og peber efter smag og halvdelen af det grønne løg. Kog den resterende laks på samme måde og tilsæt til gryden. Top med resterende løg.

4. Vend brøndkarsen med dressingen. Læg salaten ovenpå laksen. Server straks.

Laksefileter med enebær og rødløg

Lakse med Ginepro

Giver 4 portioner

Enebær er den typiske smagsgiver i gin og bruges ofte til at smage til gryderetter lavet med vildt. Du kan finde dem på mange markeder, der sælger gourmetkrydderier. I denne lakseret, som jeg først havde i Venedig, koges søde rødløg og enebær, indtil løgene smelter bløde og bliver til en sauce til laksen.

3 spsk olivenolie

4 laksefileter, cirka 3/4 tomme tykke

Salt og friskkværnet sort peber

2 mellemstore rødløg, skåret i tynde skiver

1 1/2 tsk enebær

1 1/2 kop tør hvidvin

1. I en mellemstor stegepande opvarmes olien over medium varme. Dup laksefileterne tørre og læg dem i gryden. Kog

indtil gyldenbrun, cirka 3 minutter. Vend laksefileterne og brun dem på den anden side, cirka 2 minutter mere. Tag fileterne ud på en tallerken med en spatel. Drys med salt og peber.

2. Tilsæt løg, enebær og salt efter smag på panden. Tilsæt vinen og bring det i kog. Sænk varmen og dæk gryden til. Kog 20 minutter eller indtil løgene er bløde.

3. Kom laksefileterne tilbage i gryden og hæld løgene over fisken. Skru varmen til medium. Dæk til og steg ca. 2 minutter mere eller indtil fisken er lige akkurat uigennemsigtig, når den skæres gennem den tykkeste del. Server straks.

Laks med forårsgrøntsager

Forårslaks

Giver 4 portioner

Laks er ikke en middelhavsfisk, men en stor del er blevet importeret til Italien fra Nordeuropa i de senere år og er blevet meget populær i italienske køkkener. Denne opskrift på stegt laks med forårsgrøntsager var en speciel ret på en restaurant i Milano.

Varier grøntsagerne, men sørg for at bruge en meget stor pande, så de kan spredes ud i et lavt lag. Hvis de er for fyldte, bliver grøntsagerne gennemblødte i stedet for at brune. Jeg bruger en 15×10×1 tommer gelérullepande. Hvis du ikke har en stor nok, så del ingredienserne i to mindre ramekins.

4 mellemrøde eller hvide voksagtige kartofler

1 kop babygulerødder, skrællet og hakket

8 hele skalotteløg eller 2 små løg, pillede

3 spsk olivenolie

Salt og friskkværnet sort peber

8 ounce asparges, skåret i 2-tommer stykker

4 laksefileter

2 spsk hakkede friske urter, såsom purløg, dild, persille, basilikum eller en kombination

1. Sæt en rist i midten af ovnen. Forvarm ovnen til 425 ° F. Skær kartoflerne i tykke skiver og dup dem tørre. Kombiner kartofler, gulerødder og skalotteløg eller løg i en stor bradepande. Tilsæt olie og salt og peber efter smag. Bland godt. Fordel grøntsagerne i gryden og bag i 20 minutter.

2. Rør grøntsagerne og tilsæt asparges. Bag 10 minutter mere, eller indtil grøntsagerne er let brunede.

3. Drys laksen med salt og peber. Skub grøntsagerne til siderne af gryden. Tilsæt laksefileterne. Bag i 7 minutter mere, eller indtil laksen er lige akkurat uigennemsigtig og stadig fugtig, når den skæres igennem den tykkeste del. Drys med krydderurterne og server med det samme.

Fiskefileter i grøn sauce

Fisk i grøn sauce

Giver 4 portioner

Jeg tilbragte nytårsaften i Venedig med venner et år, og inden vi gik til midnatsgudstjenester i St. Mark's Cathedral, spiste vi middag på en lille trattoria nær Rialtobroen. Vi fik grillede rejer, risotto med blæksprutte og denne ret med fiskefileter sauteret i persille og hvidvinssauce med ærter. Efter middagen gik vi i gaderne, som var fyldt med godmodige festglade, mange i fantastiske kostumer.

1 1/2 kop universalmel

Salt og friskkværnet sort peber

4 helleflyndere, tilefish eller andre hvide fiskefileter, cirka 1 tomme tykke

4 spsk olivenolie

4 grønne løg, finthakket

3 1/4 kop tør hvidvin

¹1/4 kop hakket frisk persille

1 kop friske eller frosne ærter

1. På et stykke vokspapir kombineres mel, salt og peber efter smag. Skyl fisken og dup den tør, og drej derefter hver filet i melblandingen for at dække begge sider let. Ryst det overskydende af.

2. I en stor stegepande opvarmes 2 spsk olie over medium varme. Tilsæt fisken og brun på den ene side, cirka 3 minutter. Vend fisken og brun den anden side, cirka 2 minutter. Overfør fileterne til en tallerken ved hjælp af en metalspatel. Rengør panden.

3. Hæld de resterende 2 spsk olie i gryden. Tilsæt løgene. Kog over medium varme, indtil de er gyldenbrune, cirka 10 minutter. Tilsæt vinen og bring det i kog. Kog indtil det meste af væsken fordamper, cirka 1 minut. Tilsæt persillen.

4. Kom fisken tilbage i gryden og dryp med saucen. Fordel ærterne rundt om fisken. Reducer varmen til et minimum. Dæk til og kog i 5 til 7 minutter, eller indtil fisken lige er uigennemsigtig, når den skæres gennem den tykkeste del. Server straks.

Helleflynder bagt i papir

Fisk i Cartoccio

Giver 4 portioner

Bagt fisk i en bagepapirspakke er en spektakulær ret, der faktisk er ret nem at lave. Papiret bevarer al smagen af fisk og krydderier og har den ekstra fordel, at det sparer på oprydningen. Aluminiumsfolie kan erstatte pergament, men det er ikke så attraktivt.

2 mellemstore tomater, udsået og hakket

2 grønne løg, finthakket

1/4 tsk tørret merian eller timian

2 spsk frisk citronsaft

2 spsk olivenolie

Salt og friskkværnet sort peber

4 (6 ounce) helleflynder, laks eller andre fiskefileter, omkring 1 tomme tykke

1. Sæt en rist i midten af ovnen. Forvarm ovnen til 400 ° F. Bland alle ingredienser undtagen fisk i en mellemstor skål.

2. Skær 4 ark bagepapir i 12-tommers firkanter. Fold hvert ark på midten. Åbn papiret og pensl indersiden med olie. Læg en fiskefilet på den ene side af folden. Hæld tomatblandingen over fisken.

3. Fold papiret over fisken. Forsegl hver pakke ved at lave små folder fra den ene ende til den anden langs kanterne og fold dem fast. Skub forsigtigt pakkerne ud på 2 bageplader.

4. Bages 12 minutter. For at tjekke om den er færdig, skal du skære en pakke op og skære fisken i den tykkeste del. Det skal næsten ikke være uigennemsigtigt.

5. Skub pakker over på tallerkener og lad spisende gæster åbne deres. Serveres varm.

Bagt fisk med oliven og kartofler

Forno fisk

Giver 4 portioner

Merian er en urt, der ofte bruges i Ligurien, selvom den ikke er velkendt i USA. Den smager ligesom oregano, selvom den er meget mindre selvsikker end tørret oregano. Timian er en god erstatning.

Start kartoflerne i forvejen, så de har mulighed for at brune og koge igennem. Tilsæt derefter fisken, så det hele bager i perfekt harmoni. En grøn salat er alt hvad du behøver for at holde dig i gang.

2 pund kogende kartofler, skrællet og skåret i tynde skiver

6 spsk olivenolie

Salt og friskkværnet sort peber efter smag.

2 spsk hakket frisk persille

1 1/2 tsk tørret merian eller timian

2 spsk frisk citronsaft

1 1/2 tsk friskrevet citronskal

2 hele fisk såsom rød snapper eller havaborre (ca. 2 pund hver), renset med hoveder og haler intakte

1 1/2 kop bløde sorte oliven, såsom Gaeta

1. Sæt en rist i midten af ovnen. Forvarm ovnen til 450 ° F. I en stor skål, smid kartofler med 3 spsk olie og salt og peber efter smag. Fordel kartoflerne i en stor, lav bradepande. Bag kartoflerne i 25 til 30 minutter, eller indtil de begynder at blive brune.

2. Bland de resterende 3 spsk olie, persille, merian, citronsaft, skal og salt og peber efter smag. Læg halvdelen af blandingen inde i fiskens hulrum og gnid resten ind i skindet.

3. Vend kartoflerne med en stor spatel og fordel oliven på alle sider. Skyl fisken godt og dup den tør. Læg fisken oven på kartoflerne. Bag 8 til 10 minutter pr. tomme tykkelse på den bredeste del af fisken, eller indtil kødet er uigennemsigtigt, når det skæres med en lille, skarp kniv nær benet, og kartoflerne er møre.

4.Overfør fisken til et varmt serveringsfad. Vi omgiver fisken med kartofler og oliven. Server straks.

Citrus rød snapper

Fisk Agrumi

Giver 4 portioner

Uanset hvordan vejret er udenfor, vil du føle, at det er en strålende solskinsdag, når du serverer denne grillede fisk med citrusfrugter. Opskriften er baseret på en jeg prøvede i Positano. En frisk, sprød vin som pinot grigio er det perfekte tilbehør.

1 medium orange

1 mellemstor citron

2 hele fisk såsom rød snapper eller havaborre (ca. 2 pund hver), renset med hoveder og haler intakte

2 tsk hakkede friske timianblade

2 spsk olivenolie

Salt og friskkværnet sort peber

1 1/2 kop tør hvidvin

1 appelsin og 1 citron i skiver til pynt

1. Brug en roterende grøntsagsskræller til at fjerne halvdelen af skallen fra appelsin- og citronskal. Stabel stykkerne og skær dem i smalle strimler. Pres frugterne for at trække saften ud.

2. Sæt en rist i midten af ovnen. Forvarm ovnen til 400 ° F. Smør en bageplade, der er stor nok til at holde fisken i et enkelt lag.

3. Skyl fisken godt og dup den tør. Læg fisken i gryden og fyld hulrummet med timian og halvdelen af skalen. Drys indvendigt og udvendigt med olie og salt og peber efter smag. Hæld vin, saft og resterende skal over fisken.

4. Bag, dryp en eller to gange med pandesaft, cirka 8 til 10 minutter pr. tomme tykkelse på det bredeste sted af fisken, eller indtil kødet er uigennemsigtigt, når det skæres med en lille skarp kniv nær knoglen. Serveres varm, pyntet med appelsin- og citronskiver.

Salt skorpefisk

Fisk til salg

Giver 2 portioner

Fisk og skaldyr bagt i salt er en traditionel ret i Ligurien og langs den toscanske kyst. Blandet med æggehvide danner saltet en tyk, hård skorpe, så fisken indeni koger i sin egen saft. På Baia Beniamin, en smuk restaurant ved vandet i Ventimiglia, nær den franske grænse, så jeg, hvordan tjeneren behændigt brækkede saltskorpen op med bagsiden af en tung ske og fjernede den og fjernede skindet og saltet i en enkelt bevægelse. . Indeni var fisken tilberedt til perfektion.

6 kopper kosher salt

4 store æggehvider

1 hel fisk, såsom rød snapper eller havaborre (ca. 2 pund hver), renset med hoved og hale intakt

1 spsk hakket frisk rosmarin

2 fed hvidløg finthakket

1 citron skåret i både

Ekstra jomfru oliven olie

1. Sæt en rist i midten af ovnen. Forvarm ovnen til 500 ° F. I en stor skål piskes salt og æggehvider sammen, indtil saltet er jævnt fugtet.

2. Smør en bageplade, der er stor nok til at holde fisken. Læg fisken på bagepladen. Fyld hulrummet med rosmarin og hvidløg.

3. Påfør saltet jævnt over fisken, og dæk den helt. Dup saltet fast, så det holder.

4. Bag fisken i 30 minutter, eller indtil saltet begynder at blive let brunt i kanterne. For at teste, om den er færdig, skal du stikke et øjeblikkeligt termometer gennem saltet i den tykkeste del af fisken. Fisken er klar, når temperaturen når 130°F.

5. For at servere skal du bryde saltskorpen op med en stor ske. Løft salt og skind af fisken og kassér. Fjern forsigtigt kødet fra knoglerne. Serveres varm med citronskiver og et skvæt ekstra jomfru olivenolie.

Stegt fisk i hvidvin og citron

Hvidvinsfisk

Giver 4 portioner

Dette er en grundlæggende måde at tilberede enhver mellemstor til lille størrelse hel fisk. Jeg spiste den i Ligurien, hvor den blev ledsaget af artiskokker og stuvede kartofler.

2 hele fisk såsom rød snapper eller havaborre (ca. 2 pund hver), renset med hoveder og haler intakte

1 spsk hakket frisk rosmarin

Salt og friskkværnet sort peber

1 citron i tynde skiver

2 spsk hakket frisk persille

1 kop tør hvidvin

1 1/4 kop ekstra jomfru olivenolie

1 spsk hvidvinseddike

1. Sæt en rist i midten af ovnen. Forvarm ovnen til 400 ° F. Smør en stegepande, der er stor nok til at holde fisken side om side.

2. Skyl fisken og dup den tør indvendig og udvendig. Drys indersiden af fisken med rosmarin og salt og peber efter smag. Stik nogle af citronskiverne ind i hulrummet. Læg fisken i gryden. Drys persillen over fisken og læg de resterende citronskiver ovenpå. Dryp med vin, olie og eddike.

3. Bag fisken i 8 til 10 minutter pr. tomme tykkelse på det bredeste sted, eller indtil kødet er uigennemsigtigt, når det skæres med en lille, skarp kniv nær knoglen. Serveres varm.

Ørred med prosciutto og salvie

Trav til Prosciutto e Salvia

Giver 4 portioner

Vilde ørreder er meget velsmagende, selvom de sjældent findes på fiskemarkeder. Ørreder, der er opdrættet på gården, er meget mindre interessant, men skinke og salvie forbedrer smagen. Jeg fik tilberedt ørred på denne måde i Friuli-Venezia Giulia, hvor den blev lavet med den lokale prosciutto fra byen San Daniele.

4 små, rensede hele ørreder, ca. 12 ounce hver

4 spsk olivenolie

2 til 3 spsk frisk citronsaft

6 friske salvieblade, finthakket

Salt og friskkværnet sort peber

8 meget tynde skiver importeret italiensk prosciutto

1 citron skåret i både

1. Smør en bageplade, der er stor nok til at holde fisken i et enkelt lag.

2. I en lille skål kombineres olie, citronsaft, salvie og salt og peber efter smag. Drys fisken indvendigt og udvendigt med blandingen. Mariner fisken i køleskabet i 1 time.

3. Sæt ovnristen i midten af ovnen. Forvarm ovnen til 375 ° F. Læg en skive prosciutto inde i hver fisk og læg en anden skive ovenpå. Bag i 20 minutter, eller indtil fisken er lige akkurat uigennemsigtig, når den skæres med en lille skarp kniv nær benet. Serveres varm med citronbåde.

Bagte sardiner med rosmarin

Sarde med Rosamarina

Giver 4 portioner

Sardiner, smelter og ansjoser tilhører familien af mørkkødede fisk kendt i Italien som pesce azzurro. Andre medlemmer af denne familie er makrel og selvfølgelig blåfisk. Rosmarin supplerer dem meget godt i denne toscanske opskrift.

1 1/2 pund friske sardiner, støbte eller ansjoser, rensede (se bemærkning nedenfor)

Salt og friskkværnet sort peber

1 spsk hakket frisk rosmarin

1 1/4 kop olivenolie

1/4 kop fine, tørre brødkrummer

1 citron skåret i både

1. Sæt risten i midten af ovnen. Forvarm ovnen til 400 ° F. Smør en bradepande, der er stor nok til at holde sardinerne i et enkelt lag.

2. Læg sardinerne på tallerkenen og drys indvendigt og udvendigt med salt, peber og rosmarin. Dryp med olie og drys med rasp.

3. Bages i 15 minutter eller indtil fisken er gennemstegt. Server med citronskiver.

Bemærk:Sådan renses sardinerne: Brug en stor, tung kokkekniv eller køkkensaks til at skære hovederne af. Skær fisken langs bugen og fjern indvoldene. Tag rygsøjlen ud. Skær finnerne. Skyl og afdryp.

Sardiner, venetiansk stil

Sarde i Saor

Giver 4 portioner

Rosiner og eddike giver en lækker sød og sur smag til fisken i denne venetianske klassiker. Sørg for at lave denne opskrift mindst en dag før du planlægger at servere den, så smagen bliver blød. Små portioner er gode som forret. Hele ørreder eller makrel kan erstatte sardinerne, eller prøv tungefileter. I Venedig serveres sarde i saor ofte med grillet hvid.Polenta.

8 spsk olivenolie

3 løg (ca. 1 pund), skåret 1/2 tomme tykke

1 kop tør hvidvin

1 kop hvidvinseddike

2 spsk pinjekerner

2 spsk rosiner

2 pund sardiner, rensede

1.Hæld 4 spiseskefulde olie i en stor, tung stegepande. Tilsæt løgene og steg dem ved middel-lav varme, indtil de er meget møre, cirka 20 minutter. Rør jævnligt og hold øje med, så løgene ikke bliver brune. Tilsæt om nødvendigt en spiseskefuld eller to vand for at forhindre løgene i at farve.

2.Tilsæt 1/2 kop vin, 1/2 kop eddike, rosiner og pinjekerner. Bring det i kog og kog 1 minut. Fjern fra ilden.

3.I en anden stegepande opvarmes de resterende 4 spsk olie over medium varme. Tilføj sardiner og kog indtil de er uigennemsigtige i midten, cirka 2 til 3 minutter pr. side. Arranger sardinerne i et enkelt lag på et stort fad. Hæld resten af vinen og eddiken i.

4.Fordel løgblandingen over fisken. Dæk til og stil på køl i 1 til 2 dage, så smagen bliver blød. Server ved kølig stuetemperatur.

Fyldte sardiner, siciliansk stil

Sarde Beccafico

Giver 4 portioner

Dr. Joseph Maniscalco, en gammel familieven, der kom fra Sciacca på Sicilien, lærte mig, hvordan man laver denne typisk sicilianske opskrift. Det italienske navn betyder sardiner i stil med en spætte, en saftig lille fugl, der elsker at spise modne figner.

1 kop tørre brødkrummer

Cirka 1⁄4 kop olivenolie

4 ansjosfileter, drænet og hakket

2 spsk hakket frisk persille

2 spsk pinjekerner

2 spsk rosiner

Salt og friskkværnet sort peber

2 pund friske sardiner, rensede

laurbærblade

Citronskiver

1. Sæt en rist i midten af ovnen. Forvarm ovnen til 375 ° F. Smør en lille bageplade.

2. Rist brødkrummerne i en stor stegepande ved middel varme under konstant omrøring, indtil de er gyldenbrune. Fjern fra varmen og tilsæt nok olie til at fugte dem. Tilsæt ansjoser, persille, pinjekerner, rosiner og salt og peber efter smag. Bland godt.

3. Åbn sardinerne som en bog og læg dem med skindsiden nedad på en flad overflade. Læg lidt af brødkrummeblandingen på toppen af hver sardin. Rul sardinerne sammen, omslutt fyldet, og læg dem side om side i gryden, adskille hver enkelt med et laurbærblad. Drys de resterende krummer ovenpå og dryp med den resterende olie.

4. Bages i 20 minutter eller indtil rullerne er gennemstegte. Serveres varm eller ved stuetemperatur med citronbåde.

Grillede sardiner

Sarde alla Griglia

Giver 4 portioner

Små, smagfulde fisk som sardiner, smelter og ansjoser er uimodståelige, når de tilberedes på grillen. Ved en grillmiddag på en vingård i Abruzzo ankom gæsterne for at finde rækker og rækker af små fisk, der kogte over et trækulsbål. Selvom der så ud til at være for mange af dem, forsvandt de hurtigt, skyllet ned med glas afkølet Trebbiano hvidvin.

En kurvestativ gør et godt stykke arbejde med at holde og vende små fisk, mens de laver mad. Hvis du er så heldig at dyrke dine egne citron- eller appelsintræer, og de ikke er blevet behandlet med kemikalier, så brug nogle af bladene til at dekorere serveringsfadet. Ellers vil radicchio eller faste salatblade duge.

12 til 16 friske eller forarbejdede sardiner, rensede

2 spsk olivenolie

Salt og friskkværnet sort peber

Ubehandlede citron- eller cikorieblade

2 citroner, skåret i tern

1. Placer en grill eller grill cirka 5 tommer fra varmekilden. Forvarm en grill eller slagtekylling.

2. Dup sardinerne tørre og pensl med olie. Drys let med salt og peber. Grill eller steg fisken, indtil den er godt brunet, cirka 3 minutter. Vend forsigtigt fisken og steg, indtil den er brunet på den anden side, cirka 2 til 3 minutter mere.

3. Læg bladene på et fad. Top med sardiner og pynt med citronskiver. Serveres varm.

Saltet stegt torsk

Baccala Fritta

Giver 4 portioner

Dette er en grundlæggende opskrift til madlavning af baccala. Den kan serveres alene eller toppet med tomatsauce. Nogle kokke kan godt lide at varme saucen i en gryde og derefter tilføje den stegte fisk, mens de simrer sammen kort.

Cirka 1 kop universalmel

Salt og friskkværnet sort peber

1 pund baccala eller udblødt tørret fisk, skåret i stykker til servering

Olivenolie

Citronskiver

1. Fordel mel, salt og peber efter smag på vokspapir.

2. I en stor tung stegepande, opvarm omkring 1/2 tomme af olie. Dyp hurtigt fiskestykkerne i melblandingen, og ryst det overskydende let af. Læg så mange stykker fisk i gryden, som der er plads til uden at trænge sig sammen.

3.Kog fisken, indtil den er brunet, 2 til 3 minutter. Vend fisken med en tang, og steg derefter, indtil den er gyldenbrun og mør, 2 til 3 minutter mere. Serveres varm med citronbåde.

Variation: Tilsæt let knuste hele fed hvidløg og/eller frisk eller tørret chilipeber til fritureolien for at give fisken smag.

Saltet torsk, pizzastil

Baccala alla Pizzaiola

Gør 6 til 8 portioner 8

I Napoli er tomater, hvidløg og oregano de typiske smagsvarianter for en klassisk pizzasauce, hvorfor denne ret tilsmagt med disse ingredienser kaldes pizzastil. For mere smag, tilsæt en håndfuld oliven og et par ansjosfileter til saucen.

2 pund udblødt salt torsk, skåret i stykker til servering

4 spsk olivenolie

2 store fed hvidløg, finthakket

2 spsk hakket frisk persille

Knip knust rød peber

3 kopper friske tomater, skrællede, frøet og hakkede, eller 1 dåse (28 ounce) italienske tomater, skrællede, drænede og hakkede

2 spsk kapers, skyllet, drænet og hakket

1 tsk tørret oregano, smuldret

Salt

1. Bring omkring 2 tommer vand til at simre i en dyb stegepande. Tilsæt fisken og kog indtil fisken er mør, men ikke falder fra hinanden, cirka 10 minutter. Fjern fisken med en hulske og afdryp den.

2. Hæld olien i en stor stegepande med hvidløg, persille og knust rød peber. Kog indtil hvidløg er let brunet, cirka 2 minutter. Tilsæt tomaterne og deres saft, kapers, oregano og lidt salt. Bring det i kog og kog indtil væsken er lidt tyk, cirka 15 minutter.

3. Tilsæt den afdryppede fisk. Dryp fisk med sauce. Kog 10 minutter eller indtil de er møre. Serveres varm.

Saltet torsk med kartofler

Baccala Palermitana

Giver 4 portioner

En gåtur gennem Vucciria-markedet i Palermo, Sicilien, er en fascinerende oplevelse for enhver, især en kok. Markedsboder langs de travle, snoede gader, og shoppere kan vælge mellem et udvalg af frisk kød, fisk og produkter (samt alt fra undertøj til batterier). Fiskehandlere sælger baccala og tørret fisk, der allerede er gennemblødt og klar til at lave mad. Her i USA, hvis du ikke har tid til at udbløde fisken, skal du erstatte bidder af frisk torsk eller anden fast hvid fisk med baccalaen.

1 1/4 kop olivenolie

1 mellemstor løg, skåret i skiver

1 kop hakkede dåsetomater med deres saft

1 1/2 kop hakket selleri

2 mellemstore kartofler, skrællet og skåret i skiver

1 1/2 pund baccala, udblødt og drænet

1 1/4 kop hakkede grønne oliven

1. I en stor stegepande opvarmes olien over medium varme. Tilsæt løg, tomater, selleri og kartofler. Bring det i kog og kog indtil kartoflerne er møre, cirka 20 minutter.

2. Tilsæt fisken og dryp stykkerne med saucen. Drys med oliven. Kog til fisken er mør, cirka 10 minutter. Smag til, og tilsæt eventuelt salt. Serveres varm.

Rejer og bønner

Gamberi og Fagioli

Giver 4 portioner

Forte dei Marmi er en smuk by på den toscanske kyst. Det har en gammeldags elegance med mange Art Deco-paladser, hvoraf nogle er blevet omdannet til hoteller. Langs stranden kan du leje en liggestol og en parasol for en dag, en uge eller en måned. Min mand og jeg, med vennerne Rob og Linda Leahy, havde en lang diskussion om, hvorvidt vi skulle tilbringe en dag på stranden eller spise på en restaurant ved navn Lorenzo. Linda besluttede sig for at solbade, mens vi andre gik til restauranten, som har specialiseret sig i enkle tilberedninger af fisk og skaldyr, som disse rejer. Vi var glade for, at vi gjorde det.

16 til 20 store rejer, pillede og deveirede

4 spsk olivenolie

2 spsk finthakket frisk hvidløg

2 spsk hakket frisk basilikum

Salt og friskkværnet sort peber

3 kopper kogte eller dåse cannellini bønner eller Great Northern bønner, drænet

2 mellemstore tomater i tern

Friske basilikumblade til pynt

1. I en skål dryppes rejerne med 2 spsk af olien, halvdelen af hvidløget, 1 spsk basilikum og salt og peber efter smag. Rør grundigt. Dæk til og stil på køl 1 time.

2. Placer en grill eller grill cirka 5 tommer fra varmekilden. Forvarm grill eller slagtekylling.

3. I en gryde koges den resterende olie, hvidløg og basilikum ved middel varme i cirka 1 minut. Tilsæt bønnerne. Læg låg på og lad det simre i 5 minutter eller indtil det er gennemvarmet. Fjern fra ilden. Tilsæt tomater, salt og peber efter smag.

4. Grill rejerne på den ene side, indtil de er let brunede, 1 til 2 minutter. Vend rejerne og kog indtil de er let brunede og lige uigennemsigtige i den tykkeste del, ca. 1 til 2 minutter mere.

5. Læg bønner på 4 tallerkener. Arranger rejerne rundt om bønnerne. Pynt med friske basilikumblade. Server straks.

Rejer i hvidløgssauce

Gamberi al'Aglio

Gør 4 til 6 portioner

Rejer kogt i hvidløgssmørsauce er mere populær i italiensk-amerikanske restauranter end i Italien. Det kaldes ofte "hvidløgsrejer", et meningsløst navn, der er et fingerpeg om dets ikke-italienske oprindelse. Scampi er ikke, som navnet antyder, en madlavningsstil, men snarere en type fisk og skaldyr, der ligner en miniature hummer. Hvad angår madlavning, grilles rejer normalt med intet mere end lidt olivenolie, persille og citron.

Uanset hvad du kalder det, og uanset dets oprindelse, er hvidløgsrejer lækre. Tilbyd masser af godt brød til at opsuge saucen.

6 spsk usaltet smør

1 1/4 kop olivenolie

4 store fed hvidløg, finthakket

16 til 24 store rejer, pillede og deveirede

Salt

3 spsk hakket frisk persille

2 spsk frisk citronsaft

1. I en stor stegepande smeltes smørret med olivenolien over medium varme. Tilsæt hvidløg. Kog indtil hvidløg er let brunet, cirka 2 minutter.

2. Øg varmen til medium-høj. Tilsæt rejer og salt efter smag. Kog i 1 til 2 minutter, vend rejerne en gang og kog indtil de er lyserøde, cirka 1 til 2 minutter mere. Tilsæt persille og citronsaft og kog 1 minut mere. Serveres varm.

Rejer med tomat, kapers og citron

Gamberi i sauce

Giver 4 portioner

Dette er en af de hurtige og tilpasningsdygtige opskrifter, som italienerne gør så godt. Server den som den er til en hurtig hovedret med rejer, eller smid den med pasta og lidt ekstra jomfruolivenolie til et solidt måltid.

2 spsk olivenolie

1 pund mellemstore rejer, pillede og deveirede

1 fed hvidløg, let knust

Salt

1 pint cherry- eller vindruetomater, skåret i halve eller kvarte, hvis de er store

2 spsk kapers, skyllet og afdryppet

2 spsk hakket frisk persille

1/4 tsk citronskal

1. I en 10-tommer stegepande, opvarm olie over medium-høj varme. Tilsæt rejer, hvidløg og en knivspids salt. Kog indtil rejerne bliver lyserøde og let brune, cirka 1 til 2 minutter per side. Overfør rejer til en tallerken.

2. Kom tomater og kapers i gryden. Kog under jævnlig omrøring, indtil tomaterne er bløde, cirka 2 minutter. Kom rejerne tilbage i gryden og tilsæt persille og salt efter smag. Rør godt rundt og kog 2 minutter mere.

3. Tilsæt citronskal. Kassér hvidløget og server med det samme.

Rejer i ansjossauce

Gamberi i Acciughe Sauce

Giver 4 portioner

Et forår bad Gruppo Ristoratori Italiani, en organisation af italienske restauratører i USA, mig om at tage med dem og en gruppe andre madskribenter på en tur til Marche-regionen i det centrale Italien. Vi boede på et hotel ved kysten og planlagde at tage på ture for at udforske de omkringliggende byer. En nat gjorde stormvejr det næsten umuligt at rejse, så vi spiste på en lokal restaurant ved navn Tre Nodi. Ejeren var en smule excentrisk og forelæste os om sine teorier om politik, mad og madlavning, men fisk og skaldyr var vidunderligt, især de store middelhavsrøde rejer kogt med ansjoser. Rejerne blev delt næsten i to, og derefter spredt fladt, så de kunne være helt dækket af saucen. Da vi gik,

1 1/2 pund jumbo rejer

4 spsk usaltet smør

3 spsk olivenolie

2 spsk hakket frisk persille

2 store fed hvidløg, finthakket

6 hakkede ansjosfileter

1/3 kop tør hvidvin

2 spsk frisk citronsaft

Salt og friskkværnet sort peber

1. Pil rejerne, og lad haledelene være intakte. Brug en lille kniv til at skære rejerne på langs langs ryggen, og skære næsten til den anden side. Fjern den mørke åre og åbn rejerne fladt som en bog. Skyl rejerne og dup dem tørre.

2. Placer en grill eller grill cirka 5 tommer fra varmekilden. Forvarm grill eller slagtekylling. I en stor bradepande smeltes smørret med olivenolien ved middel varme. Når smørskummet aftager, tilsæt persille, hvidløg og ansjoser og kog under omrøring i 1 minut. Tilsæt vin og citronsaft og kog 1 minut mere.

3. Tag gryden af varmen. Tilsæt rejerne med de snittede sider nedad. Drys med salt og peber. Hæld noget sauce over rejerne.

4. Flyt stegepanden under slagtekyllingen og kog i cirka 3 minutter, eller indtil rejerne er uigennemsigtige. Server straks.

stegte rejer

Gamberi Fritti

Gør 4 til 6 portioner

En simpel dej af mel og vand giver en lækker sprød skorpe til stegte rejer. Husk, at denne type dej ikke bruner meget, fordi den ikke har sukker eller proteiner. For en dybere brun skorpe, prøv øldej (<u>stegt zucchini</u>, trin 2) eller en lavet med æg, som i<u>Rejer og blæksprutte i dej</u>opskrift. Et andet trick, som mange restaurantkokke bruger, er at tilføje en spiseskefuld madolie, der er tilbage fra stegningen den foregående dag, i gryden. Årsagerne er komplicerede, men hvis du steger meget, er det værd at holde noget af den afkølede olierester sigtet og på køl til næste gang, du steger. Den holder dog ikke i det uendelige, og du bør altid lugte olien, inden du bruger den, for at sikre dig, at den stadig er frisk.

Server disse rejer som hovedret eller forret. Hvis det ønskes, kan hele grønne bønner, strimler af zucchini eller peberfrugt eller andre grøntsager steges på samme måde. Hele blade af persille, basilikum eller salvie er også gode.

1 kop universalmel

11/2 tsk salt

Cirka 3/4 kop koldt vand

11/2 pund mellemstore rejer, afskallede og deveirede

Vegetabilsk olie til stegning

1. Kom mel og salt i en mellemstor skål. Tilsæt gradvist vand under omrøring med et piskeris, indtil det er glat. Blandingen skal være meget tyk, ligesom creme fraiche.

2. Skyl rejerne og dup dem tørre. Beklæd en bakke med køkkenrulle.

3. I en dyb, tung gryde, hæld nok olie til at nå en dybde på 2 tommer, eller hvis du bruger en elektrisk friturgryde, følg producentens instruktioner. Opvarm olie til 370°F på et friturtermometer, eller indtil en dråbe dej i olien syder og bliver gyldenbrun på 1 minut.

4. Læg rejerne i skålen med dejen og vend dem til belægning. Fjern rejerne en ad gangen og læg dem forsigtigt i olien med en tang. Steg kun så mange rejer, som der er plads til, uden at det trænger sig på ad gangen. Kog rejer, indtil de er let

brunede og sprøde, 1 til 2 minutter. Afdryp på køkkenrulle. Steg de resterende rejer på samme måde. Serveres varm med citronbåde.

Rejer og blæksprutte i dej

Frutti di Mare i Pastella

Giver 6 portioner

Uanset hvor du finder fisk og skaldyr i Italien, vil du finde kokke, der steger det i en sprød dej. Denne dej er lavet med æg og gær, som giver skorpen en let, luftig konsistens, gylden farve og god smag. Selvom jeg bruger olivenolie til de fleste madlavningsformål, foretrækker jeg en vegetabilsk olie uden smag til stegning.

1 tsk aktiv tørgær eller instant gær

1 kop varmt vand (100 til 110°F)

2 store æg

1 kop universalmel

1 tsk salt

1 pund små rejer, afskallede og udvundet

8 ounce renset blæksprutte (blæksprutte)

Vegetabilsk olie til stegning

1 citron skåret i både

1. I en mellemstor skål drysses gæren over vandet. Lad sidde 1 minut eller indtil cremet. Rør for at opløses.

2. Tilsæt æggene til gærblandingen og pisk godt. Tilsæt mel og salt. Pisk med et piskeris indtil glat.

3. Skyl rejer og blæksprutter godt. Jeg ved det. Skær blæksprutte på kryds og tværs i 1/2-tommer ringe. Hvis den er stor, skal du skære bunden af hver gruppe af tentakler i halve.

4. I en dyb, tung gryde, hæld nok olie til at nå en dybde på 2 tommer, eller hvis du bruger en elektrisk frituregryde, følg producentens instruktioner. Opvarm olie til 370°F på et friturmometer, eller indtil en dråbe dej i olien syder og bliver gyldenbrun på 1 minut.

5. Tilsæt rejer og blæksprutte til dejen. Fjern stykkerne et par ad gangen, og lad den overskydende dej dryppe tilbage i skålen. Læg forsigtigt stykkerne i den varme olie. Fyld ikke gryden. Steg under omrøring en gang med en hulske, indtil de er gyldenbrune, 1 til 2 minutter. Fjern fisk og skaldyr fra gryden

og afdryp på køkkenrulle. Steg resten på samme måde. Serveres varm med citronbåde.

Grillede rejespyd

Spiedini di Gamberi

Giver 4 portioner

Selvom det rige køkken i Parma og Bologna er bedre kendt, er køkkenet ved Emilia-Romagna-kysten meget godt og ofte meget enkelt. Fremragende frugter og grøntsager fra lokale gårde og vidunderlig frisk fisk og skaldyr er grundpillerne. Min mand og jeg havde disse grillede rejespyd i kystbyen Milano Marittima. Skaldyr kan erstattes med stykker af fastkødet fisk.

1 1/2 kop brødkrummer

1 spsk finthakket frisk rosmarin

1 fed hvidløg, pillet og finthakket

Salt og friskkværnet sort peber

2 spsk olivenolie

1 pund mellemstore rejer, pillede og deveirede

1 citron skåret i både

1. Placer en grill eller grill cirka 5 tommer fra varmekilden. Forvarm grill eller slagtekylling.

2. I en mellemstor skål kombineres brødkrummer, rosmarin, hvidløg, salt og peber efter smag og olie og blandes godt. Tilsæt rejerne og vend det godt rundt. Træk rejerne på spyd.

3. Grill eller steg, indtil rejerne er lyserøde og gennemstegte, cirka 3 minutter på hver side. Serveres varm med citronbåde.

Hummer "Brother Devil"

Aragosta Fra Diavolo

Gør 2 til 4 portioner

Selvom denne opskrift har mange af karakteristikaene for en klassisk syditaliensk skaldyrsret, inklusive tomater, hvidløg og varm peber, har jeg altid haft mistanke om, at det er en italiensk-amerikansk opfindelse. Min ven Arthur Schwartz, vært for WOR Radio's Food Talk med Arthur Schwartz, er ekspert i det napolitanske køkken såvel som det historiske køkken i New York, og han er enig med mig. Arthur mener, at det sandsynligvis blev udviklet på en italiensk restaurant i New York for et par år siden og har været populær lige siden. Navnet henviser til den krydrede tomatsauce, som hummeren er kogt i. Server dette med spaghetti eller ristet brød med hvidløg.

2 levende hummere, ca. 1 1/4 pund hver

1/3 kop olivenolie

2 store fed hvidløg, let knust

Knip knust rød peber

1 kop tør hvidvin

1 dåse (28 ounce) flåede tomater, drænet og hakket

6 friske basilikumblade, skåret i stykker

Salt

1. Læg en af hummerne på et skærebræt med hulrummet opad. Fjern ikke båndene, der holder kløerne lukkede. Beskyt din hånd med et tungt håndklæde eller grydelap og hold hummeren over halen. Dyp spidsen af en tung kokkekniv i kroppen, hvor halen slutter sig til brystet. Skær helt, adskil halen fra resten af kroppen. Brug fjerkræsaks til at fjerne den tynde skal, der dækker halekødet. Skrab ud og fjern den mørke halevene, men lad den grønne tomalley og røde koraller stå, hvis nogen. Gentag med den anden hummer. Skær halen på kryds og tværs i 3 eller 4 stykker. Læg halestykkerne til side. Skær hummerkroppe og kløer ved leddene i 1- til 2-tommers stykker. Slå kløerne med den stumpe side af kniven for at knække dem.

2. I en stor tung gryde varmes olie op over medium varme. Tilsæt alle hummerstykkerne undtagen halerne og kog under

jævnlig omrøring i 10 minutter. Drys hvidløg og peber rundt om stykkerne. Tilsæt vinen og kog 1 minut.

3. Tilsæt tomater, basilikum og salt. Bring det i kog. Kog under omrøring af og til, indtil tomaterne er tykne, cirka 25 minutter. Tilsæt hummerhalerne og kog 5 til 10 minutter mere, eller indtil halekødet er fast og uigennemsigtigt. Server straks.

Bagt fyldt hummer

Amolliceret Aragoste

Giver 4 portioner

I Italien og i hele Europa er den typiske sort af hummer jomfru- eller stenhummer, som mangler de store, kødfulde kløer fra nordamerikanske hummere. De smager dog rigtig godt og sælges her ofte som frosne hummerhaler. Hvis du ikke vil have med levende hummere at gøre, kan du lave denne opskrift med frosne haler, reducere mængden af brødkrummer lidt og koge dem uden optøning, bare indtil de er uigennemsigtige i midten. Denne opskrift er typisk for Sardinien, selvom den spises i hele det sydlige Italien.

4 levende hummere (ca. 1 1/4 pund hver)

1 kop tørre brødkrummer

2 spsk hakket frisk persille

1 fed hvidløg finthakket

Salt og friskkværnet sort peber

Olivenolie

1 citron skåret i både

1. Læg en af hummerne på et skærebræt med hulrummet opad. Fjern ikke båndene, der holder kløerne lukkede. Beskyt din hånd med et tungt håndklæde eller grydelap og hold hummeren over halen. Dyp spidsen af en tung kokkekniv i kroppen, hvor halen slutter sig til brystet. Skær helt, adskil halen fra resten af kroppen. Brug fjerkræsaks til at fjerne den tynde hvide skal, der dækker undersiden af halen, og blotlægge kødet. Skrab ud og fjern den mørke halevene, men lad den grønne tomalley og røde koraller stå, hvis nogen.

2. Sæt en rist i midten af ovnen. Forvarm ovnen til 450 ° F. Smør 1 eller 2 store bradepander. Læg jomfruhummerne med forsiden opad i bradepandene.

3. I en mellemstor skål blandes brødkrummer, persille, hvidløg og salt og peber sammen efter smag. Tilsæt 3 spiseskefulde olie, eller nok til at fugte krummerne. Fordel blandingen over hummerne i gryden. Dryp med lidt mere olie.

4. Bag hummerne i 12 til 15 minutter, eller indtil halekødet ser uigennemsigtigt ud, når det skæres i den tykkeste del og føles fast, når det presses.

5. Server straks med citronskiverne.

Kammuslinger med hvidløg og persille

Capesante Aglio og Olio

Giver 4 portioner

Søde, friske kammuslinger tilberedes hurtigt, perfekt til et aftensmåltid. Denne opskrift kommer fra Grado på Adriaterhavskysten. Jeg kan godt lide at bruge store kammuslinger, men du kan erstatte mindre kammuslinger.

1 1/4 kop olivenolie

2 fed hvidløg finthakket

2 spsk hakket frisk persille

1 pund store kammuslinger, skyllet og tørret

Salt og friskkværnet sort peber

1 citron skåret i både

1. Hæld olien i en stor bradepande. Tilsæt hvidløg, persille og peber og steg ved medium varme, indtil de er let brunede, cirka 2 minutter.

2. Tilsæt kammuslingerne samt salt og peber efter smag. Kog under omrøring, indtil kammuslingerne lige er uigennemsigtige i midten, cirka 3 minutter. Serveres varm med citronbåde.

Grillede kammuslinger og rejer

Frutti di Mare alla Griglia

Giver 4 portioner

En simpel citronsauce pynter på grillede rejer og kammuslinger. De kan erstattes med stykker af fastkødet fisk som laks eller sværdfisk.

3/4 pund store kammuslinger, skyllet og tørret

3/4 pund store, afskallede, udskårne rejer

Friske eller tørrede laurbærblade

1 mellemstor rødløg, skåret i 1-tommers stykker

1 1/4 kop olivenolie

2 spsk frisk citronsaft

1 spsk hakket frisk persille

1 1/2 tsk tørret oregano, smuldret

Salt og friskkværnet sort peber

1. Placer en grill eller grill cirka 5 tommer fra varmekilden. Forvarm grill eller slagtekylling.

2. Tråd kammuslinger og rejer skiftevis med laurbærblade og løgstykker på 8 træ- eller metalspyd.

3. I en lille skål piskes olie, citronsaft, persille, oregano og salt og peber sammen efter smag. Overfør omkring to tredjedele af sauceblandingen til en separat skål. Booking. Pensl skaldyrene med den resterende tredjedel af saucen.

4. Grill eller steg, indtil rejerne er lyserøde, og kammuslingerne er let brunede på den ene side, cirka 3 til 4 minutter. Vend spyddene og kog, indtil rejerne er lyserøde og kammuslingerne er let brunede på den anden side, cirka 3 til 4 minutter mere. Reje- og kammuslingkødet vil kun være uigennemsigtigt i midten. Overfør til en tallerken og dryp med den resterende sauce.

Muslinger og Muslinger Posillipo

Vongole e Cozze i Piccantesauce

Giver 4 portioner

Posillipo*er navnet på et punkt i Napoli-bugten. Det fremtryller også denne ret med friske muslinger og muslinger i en krydret tomatsauce i mange italienske amerikaneres hoveder. Sandsynligvis navngivet af en nostalgisk restauratør i USA, opskriften ser ud til at være gået af mode, selvom den er så god, at den fortjener et comeback.*

Server disse i dybe skåle på skiver af ristet brød eller freselle, hårde sort peber kiks tilgængelige på italienske markeder.

3 dusin små hårdskallede muslinger

2 pund muslinger

1/3 kop olivenolie

1 spsk finthakket hvidløg

Knip knust rød peber

1 1/2 kop tør hvidvin

1 dåse (28 ounce) flåede tomater, drænet og hakket

1 tsk tørret oregano, smuldret

Salt og friskkværnet sort peber

1 1/4 kop hakket frisk persille

Skiver italiensk brød, ristet eller freselle

1. Læg muslinger og muslinger og muslinger i blød i koldt vand i 30 minutter. Skrub muslingerne under koldt rindende vand med en stiv børste. Skær eller fjern skægget fra muslingerne. Kassér muslinger eller muslinger, der har revnede skaller, eller som nægter at forsegle, når de berøres.

2. Hæld olien i en stor, tung gryde. Tilsæt hvidløg og varm peber. Kog over medium varme, indtil hvidløg er let brunet, cirka 2 minutter. Tilsæt vinen og kog 1 minut mere. Tilsæt tomaterne. oregano, salt og peber efter smag. Bring det i kog og kog i 15 minutter.

3. Tilsæt muslinger og muslinger i gryden og dæk dem tæt. Kog indtil skallerne åbner sig, cirka 5 minutter.

4. Læg skiver italiensk brød i bunden af 4 pastaskåle. Hæld muslinger og muslinger i. Drys med hakket persille og server med det samme.

www.ingramcontent.com/pod-product-compliance
Lightning Source LLC
Chambersburg PA
CBHW050351120526
44590CB00015B/1649